Premières Connoissances

pour

LA JEUNESSE,

ou

Description

de cent & soixante

Figures gravées

en taille - douce

à l'usage des jeunes gens,

qui veulent apprendre l'Allemand, le Russe
& le François.

Par

C. H. Wolke.

Traduit de l'Allemand.

St. Petersbourg. 1787.

Chez l'Auteur. Leipzig, chez S. L. Crusius,
Hambourg, chez Bohn.

A tous ceux,

qui aiment les enfans,

& qui voudroient les voir instruits,

des choses utiles.

Déterminé, comme je le suis, par les circonstances à demeurer pour un tems à St. Petersbourg, j'y voudrois autant qu'il est en
moi, seconder les vues bienfaisantes & patrio-
tiques de la grande *CATHERINE II*,
en travaillant à l'utilité & au plaisir de la jeu-
nesse. C'est le motif, qui m'a conduit à me
charger l'espace de 4 mois de l'instruction des
jeunes gens, dans la vue de répandre dans le
public des méthodes d'enseignement, dont une
expérience de beaucoup d'années m'a suffisamment fait connoitre la bonté & l'excellence.
C'est ce motif encore, qui m'a engagé à com-

* 2

poser

pofer un *livre pour apprendre à lire & à penfer*, ouvrage, qui éxifte à l'heure qu'il eft en
trois langues, favoir l'allemande, la ruffe &
la françoife, & qui fe trouve entre les mains
d'une nombreufe Jeuneffe en Ruffie. C'eft
enfin ce motif, qui m'a fait entreprendre l'ouvrage fuivant, dont il éxifte déjà une tradu-
&ion en langue ruffe, & qui contient une de-
fcription de 160 figures gravées en taille douce.
1) Il pourra fervir à la jeuneffe de livre de lecture,
& je me flatte qu'il l'entretiendra d'une manière utile & agréable, qu'il mettra en jeu les
facultés de fon ame & réveillera en elle l'envie
de s'inftruire, qu'il formera fon efprit, en lui
inculquant diverfes connoiffances utiles, & fon
coeur, en lui infpirant l'amour de la Religion
& de la vertu, ou des fentimens de piété envers Dieu & d'humanité envers les hommes.
— 2) J'efpère encore qu'il fera voir aux perfonnes appellées à l'éducation & à l'inftruction

de

de la jeuneffe, aux mères, aux amis des enfans, que des images ou des repréfentations
de toute forte d'objets fourniffent un excellent
moyen de donner aux enfans des connoiffances de toute efpèce & de leur infpirer le defir
de s'inftruire. — 3) Qu'il montrera comment
par les idées réveillées par les figures on peut
d'une manière fimple & naturelle en amener
d'autres analogues, & comment de ces images
on peut en faire comme un fil, pour y attacher des connoiffances de divers genres. Qu'on
confulte pour cet effet Tab. I & II, No. 6, 11,
22, 29, 35, 36, 40.   Tab. III à VI, No. 15,
16, 20, 26, 37, 38, 65, 69, 77, 79. Tab.
VII & VIII. No. 6, 19, 20, 23, 25, 29, 33,
34. — 4) Qu'il fera voir aux perfonnes, qui
voudront converfer d'une manière inftructive
avec les enfans, comment il faut s'y prendre
pour tirer parti de tous les objets qui fe préfentent & les faire fervir à meubler de con-

* 3   noif-

noiſſances variées l'eſprit de la jeuneſſe. —
5) Que par les deſcriptions, qu'il contient
en 160 paragraphes des choſes, qui ſe préſen-
tent tous les jours dans la vie commune, il
pourra devenir entre les mains des Ruſſes un
excellent moyen de s'éxercer dans les langues
allemande & françoiſe & *vice verſa*. Car ceux
qui ſans autre maitre qu'eux - mêmes, voudront ſe familiariſer avec une de ces langues,
n'ont qu'à confronter les eſſais de leur tradu-
ction avec celle qui eſt imprimée; ils décou-
vriront par là les fautes, qu'ils auront faites &
pourront les corriger eux - mêmes.

Si d'un coté j'ai le plaiſir de voir, que mes
bonnes intentions & les peines, que je me ſuis
données en compoſant cet ouvrage & celui
que j'indique Tab. IV. No. 26. méritent l'ap-
probation & la reconnoiſſance des familles de
ce pays, & ſi de l'autre des devoirs plus gra-
ves ne m'appellent à conſacrer mon loiſir à

des

des travaux d'un autre genre, je pourrai bien
me décider à entreprendre un ouvrage, qui
contiendra des eftampes plus grandes & mieux
travaillées de toute forte d'objets inftructifs,
d'objets furtout, qui auront dequoi intéreffer
particulièrement des Ruffes.   J'y ferai fuivre
les objets & les idées dans un ordre plus ftrict
& plus décidé qu'il n'a été poffible dans ce livre , pour lequel je n'ai ni choifi les objets ni
fait foigner moi - même les planches.   J'ai
cherché à remédier à ce défaut de liaifon par
l'Index du contenu, qui fuit, & où j'ai eu
foin de mettre de l'ordre & de la cohérence
entre les matières & les connoiffances éparfes
dans l'ouvrage.

Je m'étois propofé de retourner à Deffau
pour reprendre mes anciennes occupations
dans l'Inftitut philanthropique, auquel je
m'étois entièrement confacré depuis 1774 jusqu'à 1784; mais les circonftances m'en ont en-

* 4

tière-

tièrement détourné.   C'eſt ce qui m'a engagé
pour le moment à former à Petersbourg un
Inſtitut d'inſtruction & d'éducation, utile non
ſeulement aux Elèves qu'on voudra bien me
confier, mais auſſi à ceux qui voudront ſe former pour l'inſtruction & l'éducation de la jeuneſſe, ou qui ſouhaiteront d'apprendre en peu
de tems & d'une manière agréable les langues
françoiſe, allemande & latine, ſoit pour les
entendre, ſoit pour les parler.

A *St. Petersbourg.*
   1787.

C. H. *Wolke.*

Les questions suivantes serviront d'une part à mettre de l'ordre & de la liaison entre les matières & notions expliquées dans cet ouvrage, de l'autre à éxercer les jeunes gens dans la lecture & à les conduire à la réfléxion.

1. A quoi servent les yeux? & pourquoi la nature a-t-elle donné à l'homme le sens de la vue? Tab. VII. numéro 19.

2. A quoi servent les oreilles? & pourquoi sommes-nous doués du sens de l'ouie? Tab. VII, num. 20.

3. Quels sont les cinq sens? & quels en sont les organes ou les instrumens? Tab. VIII. 25. 26. 27. 28. 29.

4. Quelles parties du corps de l'homme pouvés-vous me nommer? Tab. I. 10. 11. Tab. II. 21, Tab. VIII. 2. 3. 14.

5. Entre quelles parties du visage le nez est-il placé? Tab. I. 11.

6. Et sous quelle autre partie se trouve la bouche? Tab. VII. 2.

7. Quels sont les périodes de la vie humaine? Tab. III. 1. 2. 3. 4.

17. Eſt-il d'un homme prudent ou d'un homme infenſé, de transgreſſer la volonté du Monarque tout puiſſant & tout-juſte, qui eſt inſtruit de tout & qui peut avec une puiſſance ſans bornes punir le coupable dans le tems & dans l'éternité? Tab. VIII. 25.

18. Comment faut-il ſe conduire pendant un orage, lorsqu'il tonne & qu'il fait des éclairs? Tab. VII. 20.

19. Dans quel deſſein faut-il aller à l'égliſe? Tab. II. 36.

20. Comment Dieu peut-il voir & entendre, n'étant pas fait comme un homme? Tab. VIII. 29.

21. Quelle nation adore un homme comme un Dieu incarné ou en chair? Tab. III. 6.

22 De quelle grandeur eſt le monde? Eſt-ce que la Terre eſt l'Univers? En adoptant cette idée comme vraie, ravale-t-on la grandeur des oeuvres de Dieu? Tab. II. 35.

23. Quels ſont les hommes, en qui Dieu ſe plait? quels ſont ceux, qu'il abhorre? Les premiers ont-ils quelque choſe à eſpérer de ſa part? Les derniers ont-ils quelque choſe à craindre? Tab. II. 35.

24. *Connoiſſances préliminaires de la Géographie.* Quelle eſt la figure de la Terre? Comment ſe nomment les cinq Continens? de quelle grandeur eſt la Ruſſie? Tab. II. 29. Tab. III. 15. 16. *On trouvera ailleurs encore quelques notions rélatives*

35. Quand vécut Jésus Christ? Quand parcourut-il la Judée, instruisant & répandant ses bienfaits? Tab. III. 20.

36. Quand fut inventée l'Imprimerie? & dans quel tems plus reculé encore l'art d'écrire & de rendre sensibles les pensées des hommes en les indiquant par des figures? Tab. II. 32.

37. Quand Christophe Colomb & Américus firent-ils la découverte de l'Amérique ou du nouveau monde? Tab. II. 29.

38. Que savés-vous de l'art si utile de compter ou de l'Arithmétique? Quels noms & quelles figures ont les chiffres? Comment se nomment les quatre opérations de l'Arithmétique? Tab. VII. 10.

39. Comment peut-on faire de sensibles progrès dans un art? Quel conseil Apelle, Peintre grec & ami du fameux conquérant Aléxandre, donnoit-il pour cet effet? Tab. IV. 24.

40 De quelle manière peut-on aisément se convaincre, qu'un enfant n'est point encore éxercé dans l'art de penser? Que lui faut-il pour acquérir plus d'esprit & d'intelligence? Tab. V. 60.

41. Pourquoi l'ane marche-t-il si lentement? Pourquoi le paysan ne saute-t-il pas avec autant de legèreté, qu'un danseur? Tab. III. 7.

42. Comment faut - il qu'un couteau soit fait, pour
trancher?   Tab. III. 7.

> (*On trouvera éparfes dans le corps de l'ou-*
> *vrage plufieurs queftions encore à propofer*
> *aux enfans, qui ferviront à aiguifer leur*
> *attention & à les habituer à la réflexion.*
> *En voici encore quelques unes.*)

43. Quelles parties de la maifon pouvés - vous me
nommer? Tab. 30. Tab. V. 45. Tab. VI. 78.

44. Combien m'indiquerés - vous de chofes liquides,
particulièrement de boiffons?   Tab. I. 3.

45. Quelles différentes fortes de métaux y a - t il?
Tab. III. 33.

46. Quels noms donne - t - on aux quatre vents car-
dinaux?   Tab. IV. 38.

47. Combien éxifte - t - il d'efpèces de voitures, ou
de machines propres à voiturer, à tranfporter?
Tab. I. 4.

48. Comment fe nomment les animaux, dont nous
voyons les figures fur nos huit planches?

> (*On trouvera la réponfe en confultant les ar-*
> *ticles contenant l'explication des figures.*)

49. Pourquoi faut - il déconfeiller l'ufage des boiffons chaudes?   Tab. IV. 34. 35.

50. Eft - il bon de fumer du tabac?   Tab. III. 2.
Tab. VIII. 23.

51.

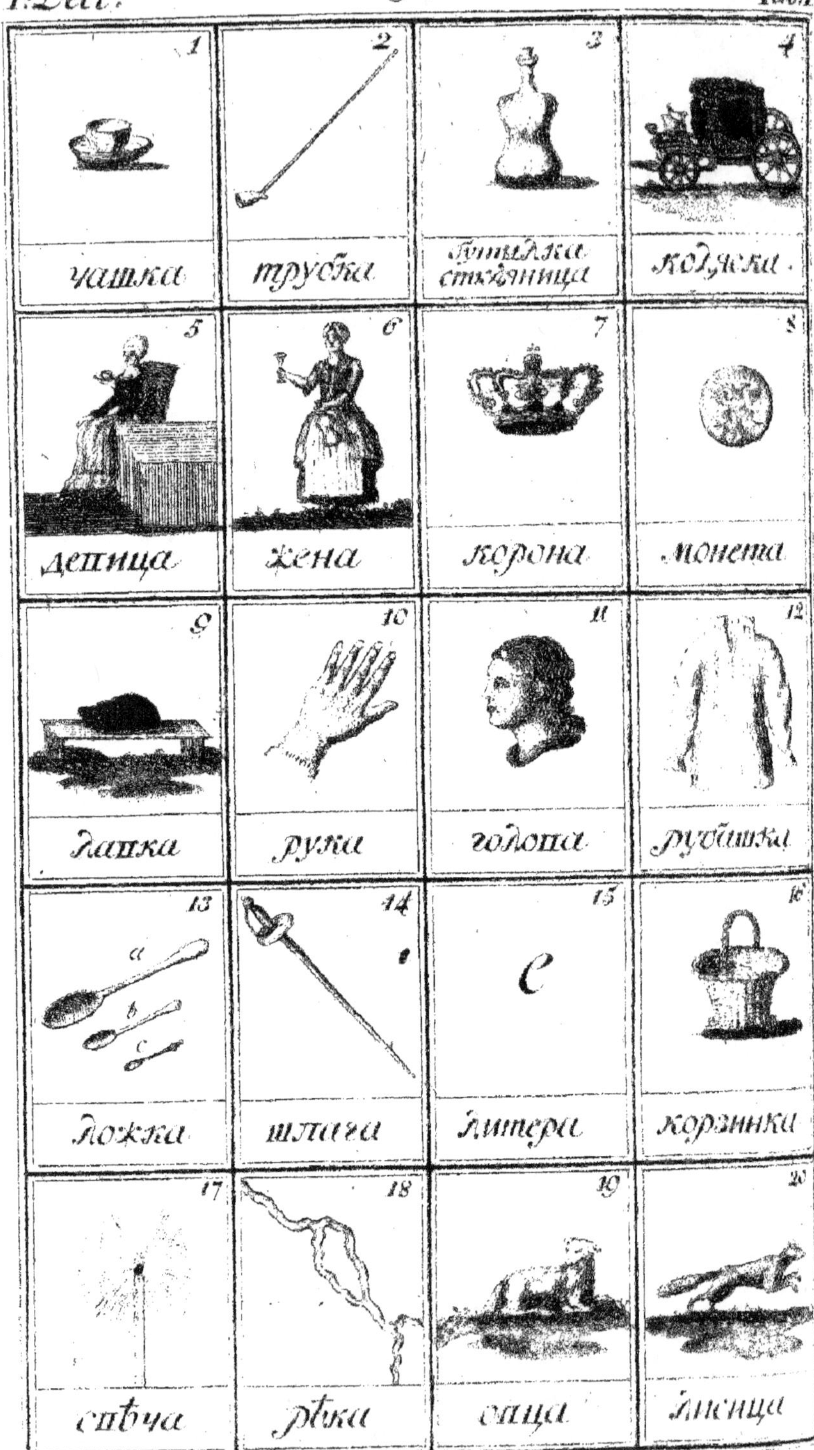
чашка
трубка
Бутылка сткляница
колЯска
дѣница
жена
корона
монета
лапка
руки
голова
рубашка
ложка
шпага
литера
корзинки
свѣча
рѣка
овца
лисица

Table ou Planche I.

1) **L**a *Taſſe*, compoſée de deux parties, de la taſſe proprement ainſi dite, & de la ſoucoupe, eſt un petit vaſe aſſès profond, où nous prenons du thé, du caffé, du chocolat. Des boiſſons chaudes de cette eſpèce peuvent ſi vous le voulés être bonnes & ſavoureuſes, mais elles font du tort à la ſanté, quand on en prend trop ſouvent ou en trop grande abondance.

2) La *Pipe* eſt un tuyau par lequel bien des gens ont la vilaine habitude de humer & de reſpirer la dégoutante fumée de l'herbe nommée *tabac*.

3) La *Bouteille* peut ſe remplir, lorsqu'elle eſt vuide. Savés-vous de quoi? Oh oui! de toutes les choſes qui font liquides.

A

Mais

Mais encore, de quelles espèces de liqueurs? voyons un peu! On y peut mettre diverses sortes d'eaux, du meth, des boissons russes, du klyukwa, du sbite, du quaz, de l'eau de vie, de la bière, du vin, de la limonade, du punche, de l'arrac, du lait, de la crême, de la babeurre, du vinaigre, de la moutarde, de l'huile d'olive, du sirop, du miel crud, de l'encre &c. Il y a même des choses sèches, qu'on y fait entrer, quand elles sont en état de passer par le col ou l'embouchure du vase.

4) La *Calêche* est une voiture à quatre roües & attelée de chevaux, dont on se sert, pour se faire transporter d'un endroit dans un autre. Les carosses, les cabriolets, les berlines ont le même usage. En hyver, au tems des neiges on employe des traineaux. Veut-on aller sur l'eau, on se sert de vaisseaux, de bateaux &c. Enfin pour cheminer en l'air, au risque il est vrai de se casser le cou, on prend des ballons ou des machines aérostatiques.

5) Une *jeune Fille*, une Demoiselle assise auprès d'une table dans une chaise & sur le point de vuider une tasse, qu'elle tient dans

la

la main gauche. Vous favés encore par No. 1.
ce qu'on verfe d'ordinaire dans une taffe, &
par No. 3. ce qu'on peut y verfer.

6) Cette *Femme* nous apporte dans fa
main droite un verre de vin. Ou feroit-ce
de l'eau de vie? Quelques perfonnes, dont
la conduite n'eft pas à beaucoup près éxem-
plaire, & qui n'ont ni pour eux-mêmes un
amour raifonnable & bien-entendu, ni pour
les autres les égards, qui leur font dus, boi-
vent fouvent avec tant d'excès de cette liqueur,
qu'ils en deviennent ivres & qu'ils fe privent
pour quelque tems de l'ufage de la raifon.

7) La *Couronne*, l'ornement du Czar, eft
parée dans fon centre d'une pomme impériale. Une Couronne impériale ou royale eft
faite d'or, garnie de perles & de pierres pré-
cieufes, auxquelles on attache un grand prix.
Mais pour celle, qu'on vend ici, elle ne coute
pas un fou. Auffi n'eft-ce pas une véritable
couronne; ce n'en eft qu'une fimple image.
Il en eft de même du portrait ou de la repré-
fentation de quelqu'un, d'une certaine perfonne. Ce portrait n'eft pas cette perfonne
elle-même, quoiqu'on lui donne quelque fois

4

le même nom: circonſtance qui peut cauſer de l'ambiguité & induire en erreur quelqu'un, qui ne verroit pas de ſes yeux le portrait, comme nous voyons les repréſentations des objets dans ce livre. Les images, qu'on nous donne des Eſprits céleſtes & des mauvais Anges, ſont deſtinées à en rappeller le ſouvenir ou à repréſenter d'une manière ſenſible quelques unes de leurs qualités. Mais gardons - nous, en conſidérant de pareilles repréſentations, de nous imaginer, que les Eſprits ſe vétiſſent de corps & prennent des formes. Cette remarque eſt très importante. Elle peut d'un coté nous préſerver de pluſieurs idées ſuperſtitieuſes, de l'autre nous garantir de la dangereuſe incrédulité, qui eſt ſouvent le partage de ceux, qui parviennent trop vite à ouvrir les yeux ſur leurs erreurs paſſées.

8) Cette *Pièce de monnoye*, avec l'aigle à deux têtes & la date de 1785, a été ſi mal imprimée, que je ne ſaurois reconnoitre quelle monnoye c'eſt.

9) Ce petit *Banc*, ſur lequel je vois un chapeau noir, eſt ſurement de bois. N'eſt-ce pas? Sans doute, en ſuppoſant pourtant au préalable l'éxiſtence réelle du banc.

10)

10) La *Main*, j'entends cette main peinte ou deſſinée, montre le pouce & les quatre autres doigts, qu'elle étend. Qui d'entre vous me dira, ſi c'eſt la main droite ou la gauche?

11) Voilà une *Tête* qui me plait beaucoup. Les cheveux, que l'art n'a point friſés, tombent en boucles naturelles. Le front ou le devant de la tête eſt convèxe. Le nez, qui eſt ſaillant entre les yeux & les joues, n'eſt pas trop grand. La bouche eſt fermée, l'oeil ouvert. Les ſourcils ne ſont ni trop petits, ni déméſurément épais. On ne voit qu'un petit bout de l'oreille. Le cou eſt large plutôt qu'étroit. Une belle tête ſans contredit! C'eſt dommage qu'elle n'ait point de cervelle, point d'eſprit, qu'elle ne penſe point! C'eſt une beauté, qui n'a point le don de la raiſon, ou qui eſt brute.

12) La *Chemiſe*. De quoi eſt-elle faite? peut-être de peaux de mouton? Ah! ah! Voilà qui me fait rire. On la fait de toile blanche, que le tiſſerand travaille ſur ſon métier & qu'il compoſe de fils de lin. En haut il y a un collet, qu'on ferme avec des boutons ou des rubans; de chaque coté pend une manche ornée de manchettes.

A 3

13)

13) La *Cuillier a* est la plus grande, *c* la plus petite, *b* est de grandeur moyenne. Que fait - on avec des cuilliers?   On s'en sert pour manger des mets liquides, tels que du schtschi, du pogleebka, de la soupe, de la bouillie, du gruau, du lait &c.

14) L'*Epée* sert à percer & à tuer les hommes; mais grace au ciel on ne l'employe plus guères à cet usage.   On la porte au coté, comme un simple ornement, jusqu'à ce qu'elle se rouille dans son fourreau.   En haut nous voyons le poignet qui est attaché à la lame pointue & tranchante.   Le fourreau, où l'on fait entrer la lame, manque, ce me semble.

15) La lettre *e* est une voyelle comme *a*, *e*, *i*, *o*, *u*; non pas une consonne comme *b*, *v*, *g*, *d* &c.

16) Le *Panier* est surmonté d'une anse, pour l'empoigner.   Il est fait de branches d'osier entrelacées ensemble, large par le haut, étroit par le bas.   Que peut-on mettre dans un panier?

17) La *Chandelle* est allumée.   Je vois la flamme & les rayons, qu'elle jette de tous
cotés.

cotés. La lumière répand la clarté & le jour
là, où il faisoit obscur. On peut moucher la
chandelle, &, si on veut, l'éteindre avec des
mouchettes. Dans l'ancien langage métapho-
rique les *lumières* désignoient & désignent encore à l'heure qu'il est l'esprit, les connoissances, la sagesse. Les *ténèbres* au contraire
signifient l'ignorance & la stupidité.

18) Le *Fleuve* dans son cours sinueux présente quelquefois une figure, comme celle
que nous avons sous les yeux. Ce morceau
de terre, environné d'eau de toutes parts,
s'appelle une *ile*.

19) L'*Agneau* est couché sur l'herbe. Il
ne mange pas; mais il remâche ou rumine
ce qu'il a précédemment mangé. Il appartient dans la classe des animaux, qui rumi-
nent. La laine, qui croit sur sa peau est d'une
grande utilité à l'homme; une pelisse de peau
de brebis rassemble & concentre la chaleur.
La laine travaillée & filée, ou réduite en de
longs fils, sert à faire du drap.

20) Ce *Renard* s'élance & s'enfuit, comme
s'il avoit apperçu un chien. Il est prudent
& ne lambine point, lorsqu'il s'agit de se sau-

A 4

ver

ver & de fonger à fa fureté.   Il eft fort rufé
& entend à merveille l'art de duper, de circonfcrire & de furprendre d'autres animaux.

Planche II.

21) Le *Pied* eft la partie inférieure de la
jambe & du corps.   Sur le devant il y a les
cinq orteils, en bas la plante, derrière le talon.
Au deffus du pied fe trouvent des deux cotés
les chevilles, plus haut le jarret, derrière le
gras de jambe ou le mollet.   Le genou a fa
place à la jointure de la cuiffe & de la jambe.

22) Le *Livre* eft ouvert.   Quiconque apprend à lire, trouve dans plufieurs livres des
chofes, qui peuvent lui fervir à devenir prudent & fage.   Dans les premiers tems les
hommes repréfentoient leurs penfées par des
images; ils les exprimoient par des figures.
Mais cette forte d'écriture, à laquelle on a
donné le nom d'*hiéroglyphique*, avoit fes in-
convéniens & ne fuffifoit pas à beaucoup près
pour faire connoitre la penfée dans toutes fes
nuances.   Cependant comme elle eft fort fimple, elle a du fe préfenter naturellement à
l'imagination de l'homme.   Tout récemment
encore

21
22
23
24
нога
книга
рюмка
рыба
25
26
27
28
шляпы
горы
собаки
пилки и ножницы
29
30
31
32
земля
попарьня
статуя
недѣля
33
34
35
36
двери
мышь
ночь
церьковь
37
38
39
40
цѣпь
пѣчь
лошадь
смерть

encore nous avons vu à St. Petersbourg un domeſtique ruſſe, qui ne pouvant écrire, imagina des caractères hiéroglyphiques pour rendre compte à ſon maitre des dépenſes, dont il étoit chargé. Des figures de diverſes ſortes lui ſervoient à déſigner des ſouliers, des bottes, des meubles, & d'autres indiquoient l'argent. L'art d'écrire eſt une invention infiniment utile aux hommes; l'art de l'imprimerie, par lequel on multiplie les livres, n'eſt pas moins important. C'eſt par ce moyen que les ſciences & toutes les eſpèces de connoiſſances ſe font inſenſiblement & d'une manière aiſée répandues chez beaucoup de nations. L'Ecriture a été inventée il y a 4000 ans. L'Imprimerie n'eſt pas auſſi ancienne. Elle n'éxiſte que depuis l'an 1440, c'eſt à dire, depuis trois ſiècles & demi.

23) Le *Verre à vin* eſt rempli. Je ne puis pas vous inviter à boire. Le vin & ſon uſage ont été connus dès les tems de Noé, qui avec ſes trois fils, Sem, Cham & Japhet, & quatre femmes échappa au grand déluge dans un vaiſſeau ſans voiles. Selon la chronologie généralement reçue, il s'eſt paſſé 4129, & ſelon

la grecque, 5051 années depuis cet événement.
Après cela Noé planta la vigne & fut vraisemblablement l'inventeur du vin.

24) Le *Poisson* est muni d'écailles & de
nageoires, comme l'oiseau l'est d'ailes & de
plumes. Le poisson peut nager. Tous les
oiseaux aussi? non! quelques uns seulement:
l'oie, le canard, le cigne &c. Et quels oiseaux
ne peuvent point nager? La poule, le pi-
geon &c.

25) Ces *Chapeaux* sont noirs tous les deux.
Celui d'en bas est rond. Celui d'en haut est à
trois pointes ou de forme triangulaire. Comment le chapelier fait-il ses chapeaux? Les
tisse-t-il peut-être? non.

26) Les *Montagnes* sont élevées. De
leurs sommets nous descendons dans les pro-
fondes valées, dans les creux & les cavités, qui
sont au milieu d'elles. De quelle utilité sont
les montagnes & les terrains élevés? A combien de commodités & d'avantages faudroit-il
renoncer, si des fleuves ne descendoient des
hauteurs, si de là ils ne se répandoient dans
les terres, & si le sein des montagnes ne nous
offroit d'utiles métaux!

27)

27) Ce *Chien* n'abboye point; il eſt debout. Il fait voler le ſable de ſes jambes po-
ſtérieures & il courbe la queüe. Jettés du pain
au chien, il ne vous mordra pas.

28) La *Fourchette.* Elle eſt armée de deux
pointes, pour enfoncer dans les morceaux,
que vous voulés mettre à la bouche. Les
ciſeaux ſervent à tailler du papier, de la toile,
du drap &c.

29) La *Terre* eſt un globe, ſur la ſurface
duquel les continens nommés Europe, Aſie,
Afrique, Amérique, & les Indes auſtrales
compoſent une étendue de terre qui comprend
environ 2500000 miles quarrés. Les mers,
les lacs, les fleuves y forment de leur coté un
baſſin d'eau deux à trois fois auſſi grand, ſavoir
de 6500000 miles quarrés. Cette Terre ſi
vaſte eſt ici concentrée dans un bien petit
eſpace. Vous pouvés y lire les noms des trois
continens, que j'ai indiqués les premiers &
qui ſont connus depuis très longtems. Mais
on n'y voit ni l'Amérique, que Chriſtophe
Colomb trouva en 1492 & dont Américus Ve-
ſpucius continua en 1497 la découverte, ni
les Indes auſtrales, que nous ne connoiſſons
encore

encore que depuis quelques années par les voyages qu'y ont faits Cooke & Forster. — On fait monter l'étendue de la Russie à 400 miles quarrés d'Allemagne ou à 18 millions de verstes quarrés. Ce pays, dont la grandeur est telle qu'il pourroit contenir l'Europe prise au double, est habité par 25 millions d'hommes, ce qui fait à peu près la 40ᵉ partie du genre humain. Je m'explique. Supposés tous les hommes, qui éxistent, jeunes & vieux, au nombre environ de mille millions, reünis dans un endroit; partagés les en corps, de 40 personnes chacun; de chaque quarantaine il y en aura 39, qui appartiendront, comme habitans, à d'autres pays; mais le quarantième sera habitant de la Russie. Jamais Empire ne fut aussi grand que celui-là. En Europe il possède 1000 miles quarrés; & c'est dans cette partie de la Russie que se trouvent entr'autres la résidence St. Petersbourg, qui renferme 190000 ames, & la capitale Moscou, qui en contient 250000, d'autres disent 400000. On y remarque encore Riga, Revel, Vibourg, Archangel, Kaluga, Jaroslav, la grande Novogorod, Kiow, Pultava, Mohilev, Smolensko &c.

Outre

Outre cette partie de la Ruffie, l'*Europe* comprend encore 1) deux Empires, l'Empire turc ou ottomann & celui d'Allemagne, où il y a nombre de Ducs, de Princes, de Margraves, de Comtes & de Gentil-hommes, tous regnans. 2) Seize royaumes, *a*, *b*, la Hongrie & la Bohême, *c*, la Pologne, *d*, la Pruffe, *e*, la Suède, *f*, *g*, le Dannemarc & la Norvège, *h*, *i*, *k*, la Grande Bretagne, ou l'Angleterre, l'Ecoffe & l'Irlande, *l*, la France, *m*, l'Efpagne, *n*, le Portugal, *o*, *p*, Naples & Sicile, *q*, la Sardaigne. 3) Sept Républiques, les pays bas, la Suiffe, Venife, Gènes, Lucques, Ragufe, & St. Marino; enfin le patrimoine de St. Pierre ou les Etats de l'Evèque de Rome, ou du Pape.

Le continent de l'*Afie* renferme la Ruffie afiatique ou les anciens royaumes de Cafan, d'Aftracan & de Sibérie jufqu'à la mer du Kamtfchatka & jufqu'au promontoire des Tfchutchkes, lequel eft féparé de la côte occidentale de l'Amérique par le détroit de Defchnew, Beering & Cooke; le gouvernement d'Orenbourg, le diftrict de Catharinenbourg, la Géorgie; la Turquie afiatique, qui comprend

prend l'Anadeli, la Sorie, la Turcomanie, l'Arabie; le royaume d'Iran ou de Perse; les Indes orientales, l'Indoftan &c. l'Empire des Chinois; la Tartarie chinoife & libre.

L'*Afrique* tient à l'Afie par l'Ifthme qui s'étend entre le Golfe d'Arabie & la mer méditerrannée. On y remarque l'Egypte, avec l'immenfe ville de Kahira, la Barbarie, où fe trouvent les villes de Tripoli, de Tunis, d'Alger, de Fez & de Maroc; les deferts de Sara, la Nubie, la Nigritie ou l'Ethiopie antérieure, la haute & baffe Guinée, le pays des Caffres, Zanguebar, Ajan, l'Abyffinie & Abex.

L'*Amérique* fe partage 1) en feptemtrionale, où l'on voit l'Acadie, Alafka, qui appartient à la Ruffie & fournit par an une quantité de fourrures, la Californie, le Canada, la Floride, le Méxique &c. 2) En méridionale, qui préfente Terra firma (Terre ferme) le Bréfil, le pays des Amazones, le Chili, la nouvelle France, la Guiane, le Pérou, le Paraguay, le pays des Patagons.

Les *Indes auftrales* ou méridionales confiftent dans une quantité d'Iles éparfes fur l'Hémifphère méridional; les principales font la

nou

nouvelle Guinée, la nouvelle Hollande, qui égale à elle feule l'Europe en grandeur, la nouvelle Zélande, la nouvelle Bretagne, Otahiti.

30) La *Cuifine* nous préfente fur les rebords, qui contiennent la batterie, des plats, des cuilliers, des poëles & des pots. A coté un foyer, où brule du feu, qui jette des flammes & fait monter la fumée.

31) La *Statue* (une image boffelée) eft affife fur un haut piédeftal à plufieurs degrès. Eft-elle de bois? de métal? de marbre? Je n'en fais rien.

32) La *Semaine* ou fept jours. Trois battemens de pouls font environ deux fecondes, foixante fecondes une minute, foixante minutes une heure, vingt & quatre heures un jour & une nuit. Une Semaine eft compofée de fept jours; le premier nommé Dimanche fe défigne par cette figure ⊙, le fecond ou Lundi par ☽, le troifième ou Mardi par ♂, le quatrième ou Mercredi par ☿, le cinquième ou Jeudi par ♃, le fixième ou Vendredi par ♀. le feptième ou Samedi par ♄. Quatre femaines & quelques jours forment un mois. Douze mois, ou cinquante deux femaines, ou trois

cent

cent foixante & cinq jours & fix heures forment une année. Ces fix heures compofent
au bout de quatre ans un jour, qu'on ajoute
fous le nom de jour intercalaire à la quatrième
année. L'année fe partage en quatre parties
ou faifons, le printems, l'été, l'automne &
l'hyver. Un âge d'homme eft formé de foixante & dix ou quatre vingts ans, un fiècle
de cent ans. De mémoire d'homme, ou depuis nos premiers parens, Adam & Eve, fe
font écoulés fuivant la chronologie admife
hors de Ruffie 5787 années, & 7295, d'après
celle adoptée en Ruffie.

33) La *Porte* eft fermée, non ouverte.
Il me femble y voir deux trous de ferrure, où
l'on peut introduire deux clefs pour ouvrir ou
fermer la ferrure.

34) Cette *Souris* eft là toute feule. Il n'y
a ame qui vive hors elle. Que faut-il que
faffe la fouris, quand le chat furvient? Il faut
qu'elle aille fe blotir ou fe cacher dans quelque fente, n'eft ce pas? Sans quoi le chat
vous la grippe & la mange fans autre forme
de procès.

35) La *Nuit*. Le foir l'amène, lorfque
le foleil va fe coucher, & le matin elle difpa-
roit

roit au lever de cet aftre: fuit le jour, qui
dure jufqu'au coucher du foleil. A St. Petersbourg, mais furtout à Archangel, ville com-
merçante, plus reculée vers le Nord, il fe
paffe deux mois avant & après le plus long jour
de l'année, fans qu'il faffe fombre la nuit. On
peut y lire & écrire fans chandèle. Hors de
là & dans les pays plus méridionaux la nuit eft
fouvent éclairée par la lumière de la lune &
des étoiles. Les étoiles brillent comme des
clous d'or à la voute azurée du firmament. Sans
inftruction particulière & fans de longues mé-
ditations il eft prefqu'impoffible de fe convaincre, qu'elles fe trouvent à une fi prodigieufe
diftance de nous, & qu'il faut les regarder
comme de grands, de très grands globes folai-
res, dont chacun eft beaucoup plus volumineux que toute la terre. L'immenfité de l'univers eft audelà de toute expreffion, & ceux
même, qui réfléchiffent plus que le vulgaire
n'a coutume de faire, ne peuvent s'en former
qu'une idée bien imparfaite. En comparaifon
de cet immenfe Tout notre Terre eft bien
petite; & c'eft au fond rabaiffer les oeuvres
de Dieu & les circonfcrire dans des bornes in-
dignes de fa grandeur infinie, que de fe repré-

B

fenter

senter la **Terre**, cette petite portion de l'Univers, comme étant l'Univers lui-même, & de lui appliquer des noms, qui ne conviennent qu'à l'Ensemble des choses créées. Le créateur du monde, l'Etre qui le régit & le gouverne, vit éternellement & toujours, il est tout-puissant, juste, redoutable aux méchans, aux hommes vicieux & pervers, mais plein d'amour & de bonté envers tous ceux qui aiment & pratiquent le bien; il est pour eux ce qu'un père est pour ses bons & vertueux enfans. Oui, mes chers amis, notre *Dieu*, ce maitre de l'Univers, se plait en tous ceux, qui sont bons, utiles à leur prochain, justes & bienfaisans, qui aiment l'ordre & le travail, qui sont obéissans à leurs supérieurs, fidèles, complaisans, sensibles au bien dont ils jouissent, & qui estiment & respectent ceux, qui les mènent à l'éternelle félicité. Leur situation sera un jour très heureuse, leur vertu sera récompensée sur cette terre, ou du moins surement dans le ciel. Mais Dieu a en horreur ceux, qui mènent une vie inutile, dangereuse même pour la société humaine; ceux, qui par ex. se livrent à l'ivrognerie, au libertinage, qui se permettent des injustices à l'é-

gard

gard de leur prochain, soit ouvertement en usant de violence, soit furtivement & en secret en employant la ruse, la tromperie, le vol. Ces hommes méchans & pervers se préparent à eux-mêmes des chatimens terribles. Car ils auront pour juge & pour rémunérateur de leurs actions celui, dont le pouvoir est sans bornes, dont le regne est éternel & dont les yeux sont ouverts sur tout ce qui éxiste; celui, auquel appartient la Toute-puissance, l'Eternité & la Toute-science.

36) L'*Eglise*. Elle est surmontée d'une tour. Nos églises russes ont une autre forme. — Nous fréquentons l'église, pour réveiller en nous de bons sentimens, pour augmenter & fortifier l'horreur, que nous avons du vice, pour adorer en esprit & en vérité le seul, le vrai Dieu, pour lui rendre graces du fond de notre ame de ses inombrables bienfaits, pour le prier ardemment & avec soumission de nous inspirer de la force pour pratiquer le bien, de nous animer de l'esprit de bienfaisance & de charité à l'égard des autres hommes, qui sont tous enfans d'un même père & qui doivent par conséquent se regar-

der

der & se traiter comme des frères, pour nous rappeller vivement notre dépendance de lui dans cette vie comme dans l'autre, pour recevoir des instructions utiles & tendantes à notre bien, pour nous consoler dans la détresse & pour devenir meilleurs, enfin pour prier & chanter Dieu avec nos frères & nos soeurs. Dans les églises russes nos hommages s'adressent aussi aux Saints, qui y sont représentés par des images, & qui doivent nous servir de modèles dans l'amour de Dieu & des hommes & dans la pratique de la vertu. Il est clair par tout cela, que la fréquentation des églises peut devenir pour l'homme un moyen de devenir meilleur, plus parfait, plus content de son sort & par conséquent plus heureux.

37) La *Chaine* est composée de plusieurs chainons ou anneaux entrelacés les uns dans les autres. Un anneau vient-il à se rompre, la chaine se brise, fut-elle de fer ou d'acier.

38) Ce *Fourneau* est vraisemblablement fait de fer en fusion, il n'est pas de tuiles ou de carreaux, comme on les fait en Russie. Le fourneau se chauffe par le feu, qu'on allume dans son intérieur, & chauffé lui-
même

même il chauffe l'appartement, où il se trouve placé.

CONSACRÉ A L'HYVER.

C'est une inscription à mettre sur la paroi d'un fourneau.

39) Ce *Cheval* ne va ni au pas, ni au trot: il galoppe, il dresse en même tems les deux pieds de devant, puis les repose en même tems à terre & fait suivre en les ployant les jambes postérieures. Les chevaux procurent du plaisir & de la commodité; on les monte; ils servent à conduire & à trainer des personnes & des fardeaux, à porter des charges &c.

40) La *Mort* est ici représentée sous la figure d'un squélette armé d'une faux. Savés-vous pourquoi? C'est que les hommes mourans sont moissonnés comme les épis, lorsqu'ils sont murs; c'est que ce qui nous retranche du nombre des vivans n'a ni des yeux pour voir la qualité du moribond, pour distinguer s'il est paysan ou roi, ni des oreilles pour entendre ses gémissemens & les voeux qu'il fait pour vivre encore plus longtems, soit que par l'inaction ou une jouissance trop fréquente des plaisirs sensuels il ait corrompu son sang & dé-

 térioré

térioré son corps, soit que la vieilleſſe ait tari
& deſſéché la ſource de ſes humeurs. Quel-
quefois on ajoute encore des ailes au ſquélette, pour inſinuer que l'homme peut mourir de bonne heure, & que la mort peut le
ſurprendre à l'improviſte. — Mais on a imaginé une figure bien plus bizarre & plus informe encore pour déſigner & pour rendre
ſenſible à nos yeux la cauſe ſouvent cachée &
inexplicable des maux, qui arrivent parmi les
hommes. On a cru devoir donner à cette
figure des cornes & des oreilles d'ane, une
queue de dragon & les ſerres d'un aigle. L'homme, qui ne connoit point la grandeur & la
puiſſance divine, puiſſance dont les effets
ſe manifeſtent partout & que Dieu ne partage avec aucun Etre, l'homme, qui ne
ſe ſent point pénétré de reſpect pour la divinité, qui n'eſt point convaincu, comme doit
l'être tout véritable chrétien, que Dieu aime
d'un amour paternel tous les hommes, ſes enfans, enfin qui ne peut adreſſer au père de
toutes les Eſſences ſpirituelles des prières diÉtées par la confiance filiale & par la plus intime perſuaſion, — cet homme ſe prépare à
lui-même un chatiment inévitable, dévoré
qu'il

qu'il eſt par les craintes & les angoiſſes
éternelles, que lui inſpirent ſes opinions
mal-fondées & ſuperſtitieuſes. Ainſi l'or-
donne la providence, qui veut engager par
là les hommes à ſuivre l'éxemple & les exhor-
tations de Jéſus Chriſt, en cherchant & en
chériſſant la vérité, qui rend leurs ames libres
& leur ote le joug de l'opinion & du préjugé.
Cependant il ne ſeroit pas à ſouhaiter qu'en
leur faiſant toucher au doigt la grotesque bi-
zarrerie des figures, qu'on attribue au demon,
on jettât auſſi du ridicule ſur la créance de
l'éxiſtence d'un Etre de cette forte. Il faut
attendre pour cet effet, que des moeurs plus
pures & une connoiſſance plus approfondie &
plus parfaite de la Divinité ſe ſoient répandues dans le monde. Il eſt vrai que nous autres, qui avons reçu de bonnes inſtructions,
ſommes intimement perſuadés, que s'il faut
craindre & éviter le mal, dont la plûpart des
hommes, pour ſe diſculper eux-mêmes, at-
tribuent l'inſpiration au Démon, c'eſt que le
Dieu juſte & tout-puiſſant peut d'une manière
terrible & ſans l'intervention du malin punir
les méchans dans ce monde comme dans l'autre vie, maintenant & dans l'avenir, dans le

B 4   tems

tems & dans l'éternité; il eſt vrai encore que Jéſus Chriſt nous a aſſurés qu'il a détruit & anéanti la puiſſance & les oeuvres du Démon, objet de terreur pour les Juifs & les payens: cependant on peut ſans erreur ſtatuer, que pour les impies & les vicieux il éxiſte encore un diable, ou, ce qui revient dans le fond au même, qu'il eſt quelquechoſe qui leur doit être à eux & à tout franc-penſant leger & inconſidéré tout auſſi terrible que le ſeroit le Diable & l'Enfer, ou le théatre des tour-mens.

Planche III.

1) L'*Enfant*, le petit garçon galoppe ſur un petit dada & lui donne des coups de ſon fouët. Cela lui procure en même tems de l'éxercice & du plaiſir. Au lieu de ce jeu la petite fille s'amuſe avec ſa poupée.

2) Ce *jeune homme* tient en main une pipe bourrée de tabac allumé & convertit de la ſorte ſon gozier & ſa bouche en une chemi-née. Cela n'eſt pas bien, mon ami! fi, que cela te va mal! Une jeune fille ſait bien mieux s'occuper.

3)

отрокъ
молодецъ
мужъ
старецъ
орелъ
левъ
оселъ
волкъ
быкъ
ежъ
козелъ
ракъ
перстъ
ротъ
Американецъ
Африканецъ
Аглинчанинъ
Турка
Полякъ
китъ

3) *L'Homme fait*, l'homme parvenu à son age de maturité, fume encore, peut-être pour chaſſer les mouches, qui l'obſèdent. Il . une canne à la main pour ſortir de la cour. La *femme* garde la maiſon, fait la cuiſine, a ſoin de ſes enfans.

4) Le *Vieillard*, que vous voyés aſſis entre ces deux tables ſeul & ſans la compagnie d'une vieille, a déjà une barbe griſe. A ſa droite & à ſa gauche je vois des livres, qu'il lit avec aſſiduité &, dans leſquels il s'inſtruit de l'état de bonheur & de félicité, qui l'attend, lui, & tous ceux qui ont vécu ſelon les volontés de Dieu, qui ont été utiles & qui ont fait du bien à la ſociété des hommes.

5) L'*Aigle* s'élève en l'air en hauſſant & en baiſſant tour à tour ſes deux ailes. C'eſt une entrepriſe bien inſenſée, que de vouloir voler ſans ailes.

6) Le *Lion* s'avance en rugiſſant & plein de rage; ſa gueule eſt béante, il ſort la langue & dreſſe la queue, qu'il recourbe ſur ſon dos. Il eſt heureux pour nous que ce n'en ſoit que la ſimple image, que nous avons ſous les yeux.

B 5

7)

7) L'*Ane*, que ses longues oreilles nous font aisément reconnoitre, porte un lourd fardeau. Comment pourroit-il, accablé comme il l'est sous son bât, courir & s'élancer avec rapidité? comment pourroit-il sauter & bondir? Qui ne porte rien, se sent leger. Un fan fugitif & délié n'est pas aussi propre à porter des charges, que l'ane lourd & pesant. Comparés l'utilité d'un élégant danseur à celle du paysan laborieux: quelle prodigieuse différence! Mais il est vrai que le premier charme d'avantage les yeux. Pourtant on auroit tort de mépriser l'homme utile, quoique dénué de graces & d'agrémens.

8) Le *Loup* est dévoré de soif, il veut boire. Ou bien y-a-t-il peut-être sur le rivage quelque animal, qu'il épie, qu'il veuille prendre, d'échirer & dévorer? Il appartient dans la classe des animaux carnivores, des lions, des ours, des tigres &c.

9) Le *Taureau* armé de deux cornes crochues & recourbées. De sa queue il chasse ou écrase les essaims de mouches, qui veulent se repaitre de son sang. Il ne fait guère de complimens avec ces insectes sanguinaires.

10)

10) Le *Hérisson* est armé de piquans. Qui veut se blesser, n'a qu'à s'attaquer à un hérisson. Qui veut avoir des querelles, n'a qu'à se commettre avec un querelleur.

11) Le *Bouc* porte des cornes & une barbe. L'entendés-vous chevrotter? Moi! je n'entends rien.

12) L'*Ecrévisse*, que les cuisiniers mettent au rang des poissons, a deux antennes à la tête, comme un insecte, p. ex. un escarbot, un papillon, un cousin, un poux. A la poitrine (au corselet) sont attachées deux pinces, dont elle peut saisir sa proie, & six pieds, sur lesquels elle marche au fond de l'eau, non point en avant, mais toujours à reculons. Gardès-vous d'imiter l'allure de l'écrévisse dans la carrière des sciences & des connoissances, que vous êtes appellés à fournir.

13) Le *Doigt*, qui est étendu, est composé de trois jointures ou articles. L'ongle est attaché à l'article supérieur. De quelle main est-il? Il seroit difficile de le dire.

14) Cette *Bouche* n'est pas assès ouverte pour qu'on y puisse distinguer les dents, les gen-

gencives, la langue & le palais. On ne voit que la lèvre supérieure & inférieure.

15) L'*Américain*, né dans le continent nommé Amérique, a la tête ornée de plumes dreſſées perpendiculairement, & ſes parties naturelles ſont de même couvertes d'une ceinture de plumes. Qui peut me dire ſi c'eſt un habitant de l'Amérique ſeptemtrionale ou méridionale?

16) L'*Africain* ou le Nègre a la peau noire. Il porte auſſi des plumes pour ornement. J'ignore s'il eſt de la nation ſtupide dés Caffres ou des Hottentots, ou bien ſi c'eſt un Egyptien, ou un habitant du Maroc, de la Nigritie, de l'Abyſſinie, de la Nubie, de la Guinée &c. Du fond des fleuves & des mers de l'Europe on fait voile autour de l'Afrique & on en double l'extrémité la plus auſtrale, qui eſt le cap de bonne Eſpérance, pour paſſer dans les Indes orientales, dans le Japon & dans d'autres iles & pays de l'Aſie, dans l'ile de Bornéo, celle de Sumatra, celle de Ceilan, dans les iles Moluques, à Batavia dans l'ile de Java, dans l'Empire du grand Mogol, dans le Tibet, où le grand prêtre, nommé *Dalai - Lama*, eſt
adoré

adoré comme *une Divinité incarnée.* Les prê-
tres de ces contrées ont fu perfuader à la nation qu'il n'éxifte point de médecine plus ef-
ficace que fon urine & fes excrémens. Auffi
ne manque-t-on pas d'en diftribuer des por-
tions à ceux qui font dangereufement malades.
Si le Dalai-Lama vient à mourir, on croit que
fon ame fe loge dans le corps de fon fuc-
ceffeur.

17) L'*Efpagnol*, natif du royaume d'Efpagne. Il porte un chapeau fur la tête, un
manteau autour du corps & une canne à la
main. Ce Monfieur eft-il de Madrid?

18) Le *Turc* a la tête entourée d'un tur-
ban. Le cimeterre, qu'il porte à la ceinture,
fa robe, qui lui defcend jufque fur les talons,
& fes longues culottes fe font aifément reconnoitre. Eft-il de la ville de Conftantinople?

19) Ce *Polonois* avec fon chapeau rond,
fa canne & fa longue robe, vient apparemment de la ville de Varfovie.

20) Le *Juif* eft planté là dans une pofture
& porte un habillement qu'on lui voit rare-
ment. Surement *Abraham*, le premier de

ſa race, l'adorateur du Dieu unique & inviſible, n'étoit pas accoutré de la ſorte, il y a environ 4000 ans. Tel n'étoit pas non plus le coſtume des Juifs, lors de la naiſſance de Jéſus Chriſt & dans le tems, où cet excellent ami des hommes, rempli de lumières divines, répandoit la connoiſſance du véritable Dieu, & montroit aux hommes la voye, qui conduit à la félicité temporelle & éternelle, parcourant les villes de la Judée, particulièrement Jéruſalem, & marquant ſa route par des bienfaits.

Planche IV.

21) Le *Soldat*, l'homme de guerre, dans tout ſon appareil militaire. Sur l'épaule gauche il porte le fuſil avec la bayonnette & à la ceinture le cartouchier. Il eſt vraiſemblablement placé en ſentinelle dans un poſte, d'où il n'oſe s'écarter, qu'un autre ne ſoit venu le relever. Dans l'éloignement il y a un camp, dont je découvre deux tentes.

22) Le *Feſeur de bottes* ou le cordonnier tire à ſoi le ligneul pour attacher la ſemelle à l'empeigne de la botte. Voilà une paire de

bottes

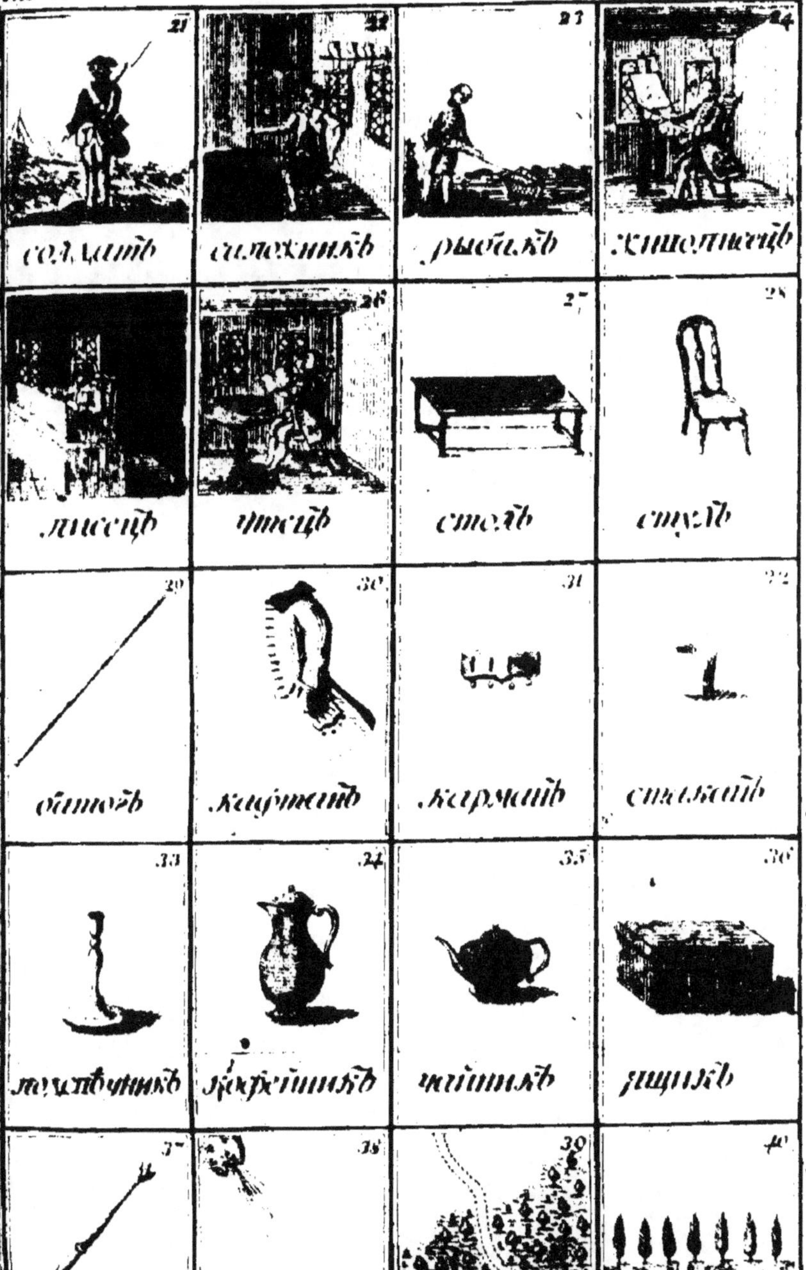

№			
21 солдатъ	22 сапожникъ	23 рыбакъ	24 живописецъ
25 писецъ	26 ткачъ	27 столъ	28 стулъ
29 фитиль	30 кафтанъ	31 карманъ	32 стаканъ
33 подсвѣчникъ	34 рукомойникъ	35 чайникъ	36 ящикъ
37 скипетръ	38 вѣтръ	39 лѣсъ	40 садъ

bottes déjà prète.   Au deſſus des fenêtres je vois quatre formes.

23) Le *Pêcheur*.   Que prend-il dans ſon filet? Une baleine? non.   Ce poiſſon n'eſt-il pas plus volumineux, que mille corps d'hommes, entaſſés l'un ſur l'autre?   Il ne prend donc apparemment que de petits poiſſons, tels que des brochets, des carpes, des anguilles &c.

24) Le *Peintre* peint avec des couleurs & des pinceaux ſur du bois ou ſur de la toile toute ſorte de portraits & d'images d'hommes, d'animaux, d'arbres, de maiſons &c. Celui, que nous voyons, n'eſt à coup ſûr ni le fameux grec Apélle, ni le célèbre Raphael, peintre Italien. Le peintre Apelle, qui vivoit il y a 2140 ans, du tems d'Aléxandre le grand, avoit coutume de dire: *Point de jour ſans un coup de pinceau!* Voilà une règle excellente pour tous ceux qui ſouhaitent d'apprendre quelque choſe.   Exercés-vous tous les jours: & vous ferés des progrès ſenſibles.

25) Le *Sécretaire* écrit des comptes, des reçus, des quittances, des contrats & des lettres.

26) Le *Lecteur* tient en main *le livre pour apprendre à lire & à penſer* qui a été imprimé à St. Petersbourg en 1785, en langue ruſſe, allemande & françoiſe. L'Empereur *Pierre le Grand* diſoit à ſes Ruſſes, & *CATHERINE* l'*Incomparable* dit encore à préſent à pluſieurs de ſes 25 millions de ſujets : *Apprenés à penſer, c. a. d. apprenés à devenir bons, prudens & habiles!* Celui, qui a fait le ſusdit ouvrage, avoit le deſſein de contribuer *autant que les circonſtances vouloient le lui permettre*, à ce que les intentions de ces grands amis de l'humanité ſe réaliſaſſent, au moins en partie.

27) La *Table* eſt quarrée & faite de bois. J'y apperçois pluſieurs choſes.

28) La *Chaiſe* préſente un plan quarré, aſſès ſpacieux pour s'y aſſeoir commodément. Si vous prenés la peine de vous y bien placer, vous n'en gliſſerés pas facilement. Au reſte on eſt plus à ſon aiſe ſur une chaiſe que ſur un ſac d'épingles.

29) La *Canne* peut ſervir à frapper & à écarter des chiens hargneux. De quel uſage eſt-elle à de vieilles gens? A quoi peut-on l'employer quand il s'agit de traverſer quelque gué ou quelque mare d'eau?

30)

30) L'*Habit* eft furmonté d'un collet. Il y a fur la manche trois boutons & autant de boutonnières. Le long du coté gauche je compte 10 boutonnières. Il y aura par conféquent au coté droit, que nous ne voyons point, 10 boutons; n'eft-ce pas? Je n'en fais rien, ne pouvant en juger par mes yeux. Mais je le fuppofe, parceque d'ordinaire le nombre des boutonnières fe règle fur celui des boutons.

31) La *Poche* elle même, ou fon ouverture, n'eft point vifible. On n'apperçoit que la pièce de drap, qui la couvre avec quatre boutonnières.

32) Le *Verre à boire* eft vuide. Que peut-on y verfer? Vous rappellés-vous 12 efpèces de liquides? confultés Pl. I, no. 3.

33) Le *Chandelier* eft fans chandèle. De quel métal eft-il fait? d'or? d'argent? d'étain? de plomb? de cuivre? de fer? Ou bien de bois? d'argile? de verre? d'os? de corne? qu'en penfés vous?

34) La *Caffetière* eft remplie d'eau mélée de caffé. Pour prendre du caffé il faut encore du lait ou de la crème, du fucre & des taffes.

C

Tout

Tout cela coute de l'argent & ne fait pas autant de bien au corps que de l'eau toute pure.

35) Le *Pot à thé*, la *théière* renferme un peu de thé, qui eſt une herbe de la Chine, qu'on fait fécher & fur quoi l'on verfe de l'eau bouillante. Bien des gens pourvoiroient beaucoup mieux à leur fanté, s'ils buvoient fimplement de l'eau fraiche, qu'en prenant trop fouvent du thé & en trop grande quantité.

36) La *Caiſſe* eſt fermée par un couvercle. Que ferre - t - on d'ordinaire dans une caiſſe?

37) Le *Sceptre* eſt le baton de commandement, l'emblème de la puiſſance d'un Empereur ou d'une Impératrice, d'un Roi ou d'une Reine. On peut dire: *Notre Souverain,* qu'on reſpecte fur le globe entier, étend fon fceptre de Petersbourg juſqu'aux confins des pays & des royaumes nommés la **Norvège**, la Suède, la Pruſſe, la Pologne, la Turquie, la Perfe, la Mongolie, la Chine, depuis la Baltique juſqu'à la mer pacifique entre l'Afie & l'Amérique fur une étendue de fix mille fept cent verſtes (ou de 1000 miles d'Allemagne)

&

& depuis la mer du Nord & la mer glaciale jufqu'aux mers noire & cafpienne, jufqu'aux monts Caucafe & Ararat & jufqu'aux villes de Riga, Mofcou, Kiow, Mohilew, Cherfon, Aftracan, Cafan, Tobolsk, Jakuzk, Irkuzk, Ochozk, &c.

38) Le *Vent* fouffle. Tantôt c'eft celui du Nord, qui accourt & mugit des régions feptemtrionales, tantôt celui du Sud, qui part du coté du midi; tantôt c'eft celui d'Eft qui vient des contrées orientales ou du Levant tantôt celui d'Oueft, qui arrive des plages de l'Occident ou du foir; tantôt enfin c'eft quelque vent moyen, qui fouffle de quelque autre part. Le Vent n'a point de vifage. Ce que deffine le deffinateur, ce que le peintre peint, ce que le faifeur de livres fait imprimer, n'eft pas toujours vrai. ¹ Celui qui apprend *à penfer*, peut trouver lui-même fi telle ou telle chofe qu'il voit ou qu'il entend eft vraie ou fauffe. Mais quiconque n'entend pas l'art de penfer, eft obligé de fe laiffer conduire, gouverner, orienter par d'autres, & trop fouvent, hélas! il devient la victime de fon ignorance & de fa ftupidité; trop fouvent il s'égare, il

fe

se voit trompé par la malignité, exposé sans cesse à des pertes & des dommages. Voila, mes enfans, voila le motif important qui engageoit autrefois le feu Empereur *Pierre le Grand*, & qui engage encore aujourd'hui l'Impératrice actuellement regnante, *CATHE-RINE Seconde*, à dire: Chers compatriotes, apprenés à penser, apprenés à devenir bons & prudens!

39) La *Forêt* est composée de quantité d'arbres placés l'un à coté de l'autre, de chênes, de sapins, de pins, de bouleaux &c.

40) Le *Jardin* a été partagé par le Jardinier en divers compartimens; il a été suffisamment béché, ensemencé, enrichi d'herbes, de plantes & d'arbres fruitiers. Le Jardinier multiplie les herbes potagères, les semences, les fruits, il travaille également pour le besoin & pour l'agrément de la société.

Planche V.

41) La *Lune* est un grand globe céleste. Elle n'est pas ici représentée, telle qu'elle paroit à nos yeux, dans son *plein*, ou telle qu'elle se montre, étant *nouvelle;* mais elle est telle

que

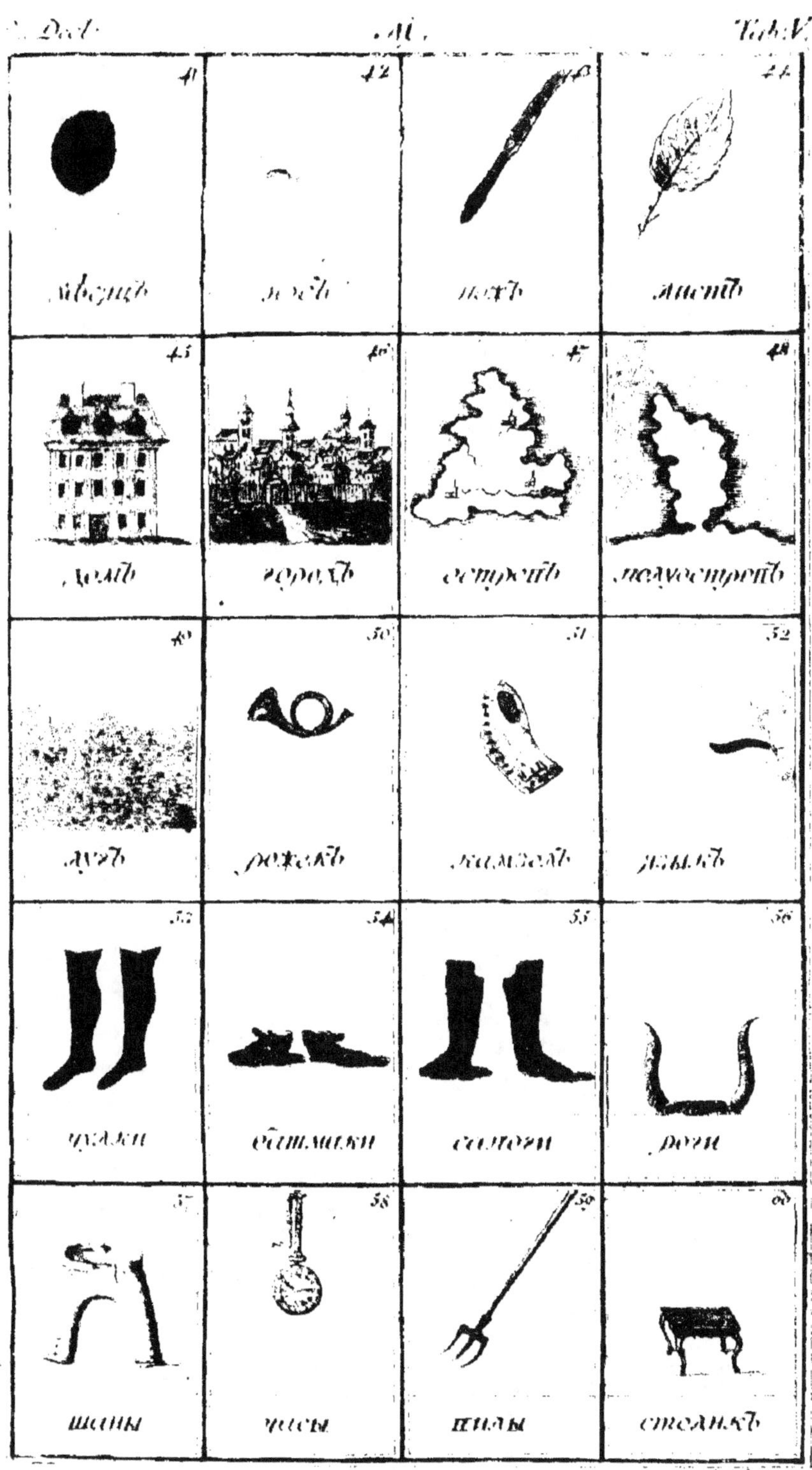

que nous la voyons quelques jours avant le *premier*, ou après le *dernier quartier*.

42) Le *Nez* est une partie du visage. Je puis au moyen du nez flairer si telle chose sent bien, ou si au contraire elle put. Oh! que je suis aise, que le nez soit placé dans le voisinage de la bouche! Par ce favorable arrangement je suis à même d'éxaminer & de reconnoitre en les flairant les qualités bonnes ou mauvaises des morceaux que je mets à la bouche. Partout se manifeste la sagesse du Créateur & sa bonté envers les créatures sentantes.

43) Le *Couteau.* Quand fait-il son devoir? lorsqu'il est tranchant. Quand se refuse-t-il à sa destination? lorsqu'il est émoussé. On aiguise le couteau en le passant sur la meule. La raison & l'intelligence de l'homme s'aiguisent par un fréquent éxercice dans l'art de penser, de réfléchir, de juger, & par l'habitude d'éxaminer scrupuleusement les jugemens, qu'on a portés, & de les redresser, s'ils se trouvent faux. Au lieu que ces facultés demeurent émoussées & obtuses dans l'homme qui n'est point appellé, déterminé à la réfle-

xion

xion par les circonstances, par les sociétés,
qu'il fréquente, ou par des précepteurs. Qu'on
apprenne à connoitre les objets remarquables,
qui sont sur la Terre, & qu'on s'éxerce habi-
tuellement dans l'art de penser & de retenir
les choses; on parviendra sans peine & d'une
manière agréable à l'intelligence de nombre
de sciences, dont on s'appropriera les trésors.
Sans ces connoissances & ces éxercices préliminaires les commençans n'ont aucune envie
de s'instruire par des livres; & d'ailleurs ils ne
sauroient comment s'y prendre. *L'ouvrage
pour apprendre à lire & à penser* sert à éxercer
l'entendement & la mémoire.

44) La *Feuille*, attachée à sa tige. De
quelle plante ou de quel arbre pensés-vous
que soit cette feuille? Pourriés-vous bien me
nommer cinquante plantes ou arbres, avec
des feuilles façonnées & taillées à peu près
de cette manière? Essayés. Cela ne peut que
vous être utile. Car en général pour vous
enrichir de talens, que vous ne possédés point
encore, il est essentiel que dès à présent vous
vou soccupiés des moyens de les acquerir &
que jamais vous ne perdiés votre but de vue.

— Celui,

— Celui, qui vous écrit ceci, a eu des écoliers, qui dans l'espace d'un été, & quoique souvent distraits par des occupations d'un autre genre, néanmoins par des exercices réitérés sont parvenus à donner à leurs doigts une finesse de tact si prodigieuse, qu'ils sortoient l'une après l'autre des feuilles de cinquante espèces différentes, mêlées & confondues dans un sac, & qu'ils en indiquoient les noms, sans les avoir auparavant examinées des yeux. En exerçant votre tact & en lui donnant la délicatesse, dont il est susceptible, vous parviendrés à connoitre bien des choses intéressantes & utiles.

45) La *Maison*, au milieu de laquelle est une porte. A chaque coté de la porte je vois deux fenêtres. Le premier & le second étage présentent chacun cinq fenêtres. Trois lucarnes dans le toit, duquel sortent deux cheminées. Ces cheminées donnent passage à la fumée, quand il y a du feu sur le foyer.

46) La *Ville* présente des portes, des murailles, quatre tours, nombre de maisons & plusieurs rues, grandes & petites.

47)

47) L'*Ile* eſt dans la mer. Les trois petites figures, qu'on y découvre, déſignent
des villages ou des villes. Ces trois lignes
courbes ne repréſentent pas des vers, comme
ſe l'imaginoit un commençant en Géographie,
mais des fleuves.

48) La *Preſqu'ile* n'eſt pas de toutes parts
environnée d'eau. Cet Iſthme joint la preſqu'ile au continent, comme le cou unit la
tête avec le tronc. De même deux mers com-
muniquent quelquefois par un détroit, comme
par exemple les mers atlantique & médi-
térannée, qui ſont jointes par le détroit de
Gibraltar.

49) Le *Pré* eſt couvert d'herbages, qui
ſervent de nourriture aux vaches, aux brebis,
aux chevaux, aux lièvres &c.

50) Le *Cornet de poſtillon*. Il appartient
apparemment à un courier ou à un poſtillon.
Il s'en ſert pour annoncer ſon arrivée, ou pour
avertir les chariots, qui viennent à ſa rencon-
tre, qu'ils ayent à s'écarter.

51) La *Veſte* n'a point de manches
comme l'habit.

52) La *Langue* fort de la gueule béante du chien. Je me fouviens d'avoir vu un enfant mal-élevé, qui fortoit la langue. Fi! que c'étoit vilain!

53) Les *Bas* paroiffent être faits de laine noire filée ou de foies torfes. Penfés-vous que j'aye raifon ou que je me trompe?

54) Les *Souliers* ont été faits de cuir par le cordonnier. Si vous les mettés, vous pouvés les boucler au moyen des boucles.

55) Les *Bottes* font debout, & dreffées, comme fi un homme y avoit fait entrer fes jambes.

56) Ces *Cornes* font apparemment d'une vache ou d'un boeuf. Au moins ne font-elles ni d'un belier, qui eft le mâle de la brebis, ni d'un bouc, — autant du moins que je puis en juger par la connoiffance que j'ai des différentes efpèces de cornes.

57) Les *hauts de chauffe*. Ne les voilà-t-il pas auffi roides, que s'il y avoit de la bourre?

58) La *Montre*, la montre de poche, eft élégante & petite. Sur le cadran font infcrits les chiffres fuivans I. II. III. IV. V. VI. VII.

C 5

VIII.

VIII. IX. X. XI. XII. ſur leſquels l'aiguille, qui indique les heures, paſſe & gliſſe ſucceſſivement dans la première, la ſeconde, la troiſième, la quatrième, la cinquième, la ſixième, la ſeptième, la huitième, la neuvième, la dixième, la onzième, & la douzième heure ou l'heure du medi dans la même durée de tems, où l'aiguille des minutes (qui dans l'eſpace d'une heure chemine par ſoixante petits compartimens, qui déſignent autant de minutes) fait douze fois le tour du cadran entier. C'eſt vers l'année 1500, que *Pierre Hele* fit en Allemagne à Nuremberg les premieres montres de poche, qu'on nommoit alors œufs de Nuremberg. (Mais l'Italie les connoiſſoit déjà 100 ans auparavant.)

59) La *Fourche*, armée de trois dents, ſert à entaſſer, non pas du foin, mais du fumier.

60) La *petite Table*. Elle eſt ſoutenue par quatre pieds tortus. De quoi eſt-elle faite? Surement pas de beurre; la belle étoffe en effet pour en faire une table! Eh, pourquoi? Celui, qui ne ſait point répondre à cette queſtion a l'eſprit bien peu éxercé ou naturellement bien foible. Le ſujet, qui réfléchit, dira d'abord: parceque le beurre ſe fond

&

& fe liquéfie fi aifément, parcequ'il n'a pas la folidité & la confiftance du bois. Si cela ne vous eft pas d'abord venu dans l'efprit, je vous confeille d'éxercer plus fréquemment votre réflexion & votre judiciaire.

Planche VI.

61) Le *Roi*, l'Empereur, eft affis fur fon trone & tient fon fceptre dans la main gauche. Je ne fais où font fes confeillers privés, fes miniftres. La fageffe d'un roi procure le bien-être de fes fujets. Tous l'aiment, tous lui font foumis & fidèles. Il eft comme un Dieu fur la Terre, il répand partout le contentement & le bonheur.

62) La *Pluye* tombe en goutes fur la terre du milieu de l'air ou des nuages. Que vois-je au bas de notre petit quarré? Sont-ce des flots ou des montagnes? Je n'en fais rien. J'en croirai volontiers celui que me le dira pofitivement. Si quelqu'un tient fortement à quelque opinion qui ne foit pas dangereufe, & la foutient avec opiniatreté, je ne me ferai point de peine de lui céder.

63) Le *Clou*, fait de fer, eft pointu & a une groffe tête. Pour enfoncer un clou, il

n'y

n'y a point de meilleur inſtrument qu'un marteau. Un brin de paille ne vaudroit rien pour
cela. Et pourquoi?

64) Le *Pieu* eſt à quatre cotés. Avec quoi
l'a-t-on taillé? Avec une hache. Pourquoi
pas avec un marteau?

65) Le *Peigne*, fait de corne ou d'yvoire,
ſert à peigner & à arranger les cheveux; quelquefois auſſi à nettoyer la tête, quand il y a
des ordures. Comment ſe nomment ces petits
animaux, qui vivent & ſe multiplient ſur la
tête des enfans, qui négligent ou qui refuſent
de ſe faire peigner. Je ne veux pas les nommer, encore moins les voir cheminer ou courir quelque part que ce ſoit.

66) La *Clef* de fer nous montre ſur le devant le panneton que l'on introduit dans le
trou de la ferrure & qui retire ou fait avancer
le pène. Que peut ſignifier cette expreſſion:
Ah j'en ai à préſent la clef! lorſqu'il ne s'agit
point du tout de ferrure? C'eſt comme ſi je
diſois: J'en ſais aſſès actuellement pour m'expliquer la choſe, pour m'en ouvrir l'intelligence, qui auparavant étoit en quelque forte
fermée à ma conception. Des expreſſions,

comme

Корень (царь.)	[illegible]	[illegible]	пень
гребень	ключь	олень	конь
огонь	корабль	корабли	змѣй
чай	змѣй	улей	рой
бой	покой	Меркурій	[illegible]

comme celle-là, s'appellent figurées, elles se préfentent fouvent & ne peuvent être entendues que de celui, qui a des connoiffances & qui fait ufage de fa réflexion.

67) Le *Cerf* s'élance & prend la fuite, comme s'il étoit pourfuivi par des chiens & des chaffeurs. Son bois eft à plufieurs cors, mais ne fert guères à le défendre.

68) Le *Cheval* eft tranquille au milieu du paturage. Je ne vois point de crinière, qui flotte fur fon cou. S'enfuit il de là qu'il n'en ait point? Elle peut fe trouver à la partie du cou oppofée à celle que nous voyons. Le peintre & le deffinateur ne peint & ne deffine que les cotés des objets, qui dans un tems donné fe préfentent à fes yeux. La queue de ce cheval ne defcend point jufqu'à terre, lorfqu'il eft debout.

69) Le *Feu* brule, tourbillonne & fume. Le feu échauffe ce qui eft froid, il amollit & apprète les viandes, les fruits, les herbes, qui font crues & non encore cuítes; il convertit en roti la chair d'un lièvre, d'un agneau, d'un veau, que le boucher a égorgé. Le feu eft très utile: Mais quand on y met le
doigt,

doigt, on fe brule. Il eft donc ciair qu'une chofe en foi fort utile peut devenir très nuifi- ble. Tel objet eft défagréable, dangereux même. Faut-il à caufe de cela defirer qu'il n'éxifte point? Non. Il ne fuffit pas qu'une chofe ait des qualités malignes ou qu'elle prète à des abus, pour en interdire l'ufage.

70) Le *Vaiffeau* a trois mats & plufieurs voiles attachées aux antennes. Il paroit que c'eft un vaiffeau de guerre; car il porte des canons à fon bord. Il ne faut pas qu'il y ait difette de poudre & de boulets dans un vaif- feau de guerre.

71) *Trois vaiffeaux* font voile fur la mer, qui eft couverte de flots. Les banderoles atta- chées au haut des mats font toutes dirigées du même coté. On appelle *girouette* une pièce de fer-blanc ou d'autre métal fort mince en forme de banderole, mife fur un pivot en un lieu élevé. *Il tourne à tout vent comme une gi- rouette.* C'eft une locution, par laquelle on reprend un homme inconftant & leger.

72) Ces *Serpens* s'élancent l'un contre l'autre, comme pour fe baifer ou fe mordre. Il y a des ferpens qui font venimeux & dont les morfures font périr ceux qu'ils ont bleffés.

73) La *Plante du thé* n'a que huit feuilles & quelques boutons.

74) Le *Serpent* avance en rampant, en gliſſant ſur l'herbe. Il ſort la langue, comme s'il vouloit ſiffler ou mordre.

75) Les *Ruches* ſont placées ſur des planches en forme de tablettes. Combien y en a-t-il? Vous comptés juſte: il y en a quatorze (14.)

76) L'*Eſſaim d'abeilles* voltige en bourdonnant. Combien d'abeilles y a-t-il? J'en compte trente ſept (37.) Mais il ſe peut que je me ſois trompé dans mon calcul. L'Eſpèce ſi utile des abeilles eſt remarquable & par l'aſſiduité & l'induſtrie avec lesquelles elles conſtruiſent de cire des cellules fort régulières de figure héxagone & les rempliſſent de miel, & par l'ordre qu'elles obſervent dans leur travail. Elles obéïſſent à une mère commune (qu'on appelle leur reine) & la ſuivent en tous lieux. Elles ſe relèvent mutuellement dans leurs travaux. Les abeilles ouvrières, qui ſont armées chacune d'un aiguillon, aſſaillent vers l'automne & chaſſent durement les bourdons, qui en ſont dépourvus. Ceux-ci durant l'été travailloient

loient conjointement avec la reine à la multiplication de la jeune couvée, mais déformais
ils ne feroient plus que des ventres pareffeux
& des membres inutiles de la petite républi-
que. C'eft dans les calices des fleurs que les
abeilles recueillent & compofent leur cire &
leur miel. L'araignée exprime du poifon de
ces mêmes fleurs.

77) La *Bataille*, le combat & la mêlée des
guerriers, piétons & cavaliers. (Infanterie &
cavalerie.) Ils font feu de leurs fufils & de
leurs canons, ils s'enfilent de leurs bayonnet-
tes & fe frappent de leurs fabres, jufqu'à ce
qu'ils tombent bleffés ou morts l'un auprès
de l'autre. Voilà en bref le tableau de la guerre, laquelle devient indifpenfable, lorfque
notre patrie eft attaquée par un peuple étran-
ger, ou qu'elle rifque de perdre fes biens les
plus précieux, fes droits & fes libertés.

78) L'*Appartement*. Le plancher eft garni
de bois ou de pierres taillées en quarrés. J'y
vois une table dreffée contre le mur, audef-
fous d'un trumeau. Les deux fenêtres font
compofées chacune de quatre vitres quadran-
gulaires.

79)

79) *Mercure.* Un homme, qui a quatre ailes, deux à la tête & deux aux pieds & qui paroit planer sur un nuage. Il tient en main un baton ailé entouré de deux serpens. Y a-t-il peut-être eu dans les anciens tems un messager merveilleusement prompt à éxécuter les commissions, dont on le chargeoit, & quelque peintre ou quelque sculpteur a-t-il voulu en perpétuer la mémoire en ajoutant des ailes à son image? Cela se peut. Il me semble qu'il éxiste une planète nommée *Mercure.* Vous avés raison. Dans l'année 1786, elle s'est montrée comme une petite tache dans le disque du soleil. On savoit des années auparavant l'heure où devoit arriver ce phénomène. On pouvoit le calculer avec autant & même plus de précision qu'on ne peut prédire, que l'aiguille qui indique les minutes dans une pendule, ou l'ombre qui les marque sur un cadran solaire & qui à l'heure qu'il est se trouve arrétée sur midi, — que cette ombre, dis-je, & cette aiguille, seront au bout de vingt quatre heures fixées éxactement sur la même place.

80) Le *Pfenning,* une pièce de monnoye allemande, fait un peu moins d'un denuschken. Douze pfennings font un gros, vingt

D

qua-

quatre gros un écu ou un rouble. Avec de
l'argent on peut avoir toute forte de chofes
utiles & commodes, on paye des ouvrages, des
fervices, on affifte des amis, on vient à l'ap-
pui de l'indigence.

Planche VII.

1) La *Fenêtre* préfente quatre compartimens (ou croifées.) Chacune eft compofée
de plufieurs vitres de figure quarrée & triangulaire. Les vitres font faites de verre, tranf-
parentes & diaphanes.

2) Le *Vifage*. En haut fe trouvent les
deux fourcils, plus bas les deux yeux, entre
lesquels s'élève le nez. Sous le nez eft la
bouche.

3) Le *Coeur* eft formé comme nous le
montre cette figure. Il raffemble le fang épars
dans le corps, & puis l'exprime auffitot & le
chaffe dans toutes les artères, ce qui arrive
toutes les fois que nous y fentons le batte-
ment du pouls. Ce mouvement de compref-
fion fuppofe une force extraordinaire dans le
coeur. Et d'où vient-elle cette force, cette
prodigieufe énergie dans cette pièce de chair?
Qui eft-ce qui l'y conferve durant la vie de

l'hom-

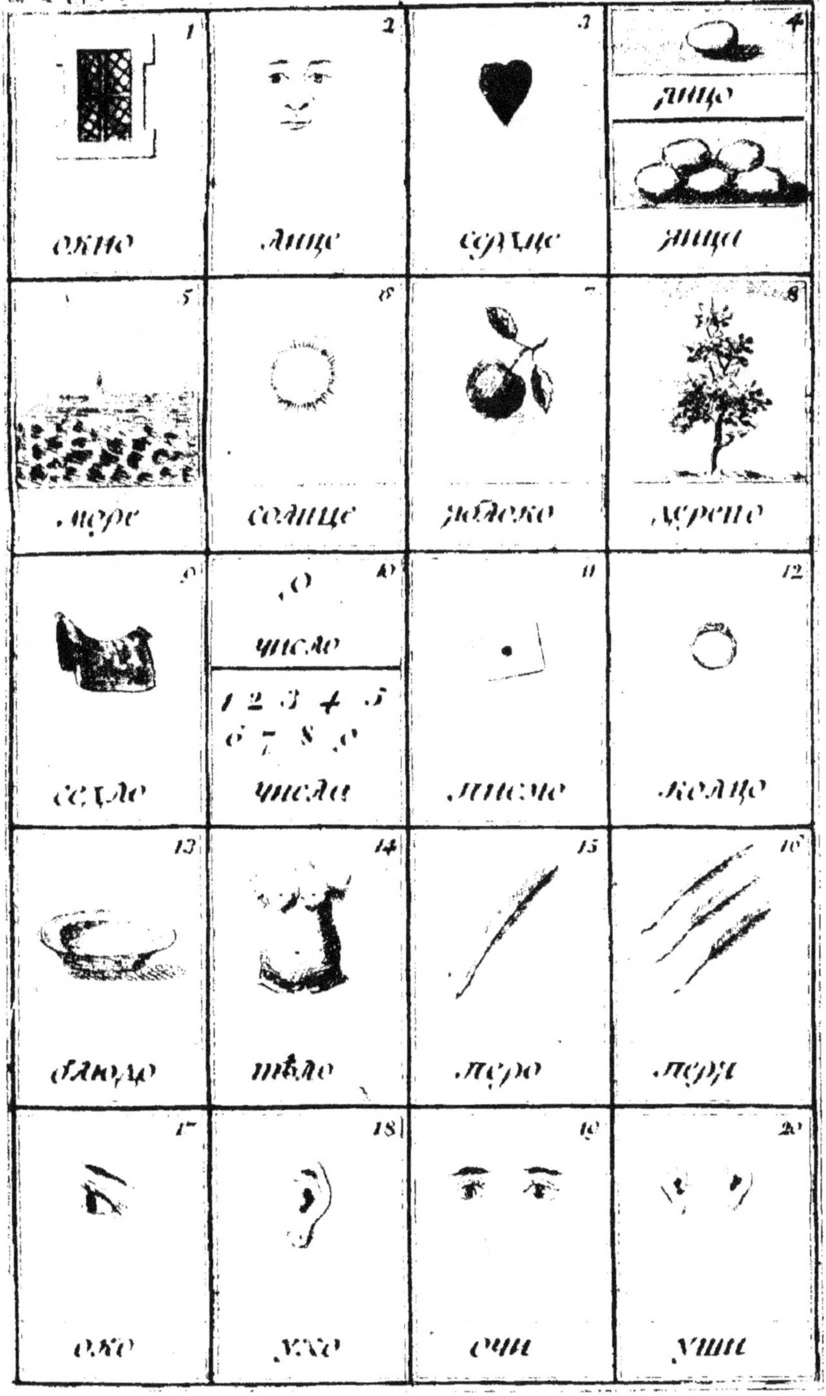

1 окно	2 лицо	3 сердце	4 яйцо / яйца
5 море	6 солнце	7 яблоко	8 дерево
9 седло	10 число / числа 1 2 3 4 5 6 7 8 9	11 пятно	12 кольцо
13 блюдо	14 тело	15 перо	16 перья
17 око	18 ухо	19 очи	20 уши

l'homme? Faites fouvent de pareilles queſti-
ons, vous apprendrés de ceux qui font inſtruits,
que c'eſt un Eſprit inviſible, tout-puiſſant,
que c'eſt le Dieu *Jéhova*, qui feul eſt le diſ-
penſateur de toute vie, de toute force, de
tout plaiſir. Chaque acte d'inſpiration & d'ex-
piration eſt un bienfait de Dieu. Heureux
celui, qui fonge fouvent au Très Haut avec
une joye mêlée de reconnoiſſance! Qui connoit & adore la Divinité, marche dans la route
de la fageſſe & du bonheur.

4) Un *Oeuf* eſt en haut, cinq *Oeufs* font
en bas. La coque d'un oeuf de poule eſt
blanche. Quand on la caſſe, on voit le blanc
de l'oeuf, où nage le moyen (le jaune d'oeuf),
à peu près comme le globe de la Terre dans
fon cercle de vapeurs. Pourtant cette com-
paraiſon n'eſt qu'imparfaite.

5) L'*Océan*, couvert de vagues. Quand
le vent fouffle, les vaiſſeaux font voile. Mais
pendant le calme, lorſque la mer ne pouſſe
que de petits flots, fans qu'il faſſe du vent, ils
ne fortent preſque point de leur place.

6) Le *Soleil* darde & répand de tous cotés
un nombre prodigieux de rayons. Ceux, qui
arrivent fur la terre, n'en font que la moin-

dre partie: & pourtant avec quelle puiſſance, quelle energie ils agiſſent! ils nous réchauffent, ils font croitre les plantes, ils fécondent les moiſſons de bled & nous fourniſſent des grains pour en faire de la farine & du pain; ils muriſſent les fruits, ils liquéfient l'eau, qui ſans eux reſteroit glace &c.

7) La *Pomme* avec deux feuilles. Cette image me fait penſer à des pommes véritables, douces & aigres, & de là me conduit à l'idée de fruits d'une autre eſpèce, de poires, de prunes, de ceriſes, de noix &c.

8) L'*Arbre* a un tronc compoſé de bois & d'écorce; à ce tronc tiennent quantité de branches & de rameaux, chargés de nombre de feuilles. On ne voit point les racines, qui pompent les ſucs nourriciers deſtinés à entretenir l'arbre: elles ſont cachées ſous la terre.

9) La *Selle*. On la met ſur le dos du cheval, lorſqu'on veut le monter. Celui, qui va à cheval, le Cavalier, le Poſtillon, porte d'ordinaire des bottes & des éperons.

10) Le *Chiffre* 9 ou neuf eſt placé en haut, les chiffres 1 un, 2 deux, 3 trois, 4 quatre, 5 cinq, 6 ſix, 7 ſept, 8 huit, 9 neuf ſont en bas. Je n'y vois point le chiffre 0 zéro, qui

en

en foi n'a point de valeur, & qui pourtant groffit dix fois celle de chaque nombre, lorsqu'on le place à la queue: 10 fait dix ou bien 9 & 1. Poffédés-vous l'art de compter ou l'arithmétique, vous en devenés plus utile à la fociété, vous pouvés compter fur une recette plus décidée & mieux vous mettre en garde contre les rufes des trompeurs, que celui qui ignore cet art. Au moins eft-il effentiel d'apprendre 1) à prononcer les nombres ou la *Numération*, 2) à trouver une *fomme* par l'*Addition* ou la combinaifon & la réunion de plufieurs nombres; 3) à chercher un *refte* par la *Souftraction*, qui confifte à retrancher un nombre d'un autre; Exemple: 4 de 9: refte 5. 4) à trouver un *produit* par la *Multiplication* ou par la répétition confécutive d'un nombre, dont la multiplicité eft indiquée & déterminée par un autre nombre: p. ex. 3 fois 4 fait 12. 5) à trouver par la *Divifion*, dans laquelle je demande combien de fois un nombre eft contenu dans un autre nombre, ou en peut être retranché, le *quotient* ou le facteur inconnu: p. ex. Combien de fois 3 eft-il contenu dans 12? 4 fois. Ou d'une manière plus courte $\frac{12}{3} = 4.$

D 3   11)

11) La *Lettre* eſt écrite, ployée, enfermée dans une enveloppe & cachetée avec de la cire d'Eſpagne pour l'envoyer par la poſte ou par un meſſager à un ami ou à une amie éloignée,

12) L'*Anneau*, la bague eſt ſi petite qu'on auroit de la peine à la mettre au doigt d'un enfant nouveau · né.   De quelle matière peut-elle être? voy. Pl. IV. n. 33.

13) Le *Plat*, l'écuelle eſt ronde & creuſe dans le milieu pour y mettre s'il le faut des choſes liquides.

14) Le *Corps*, le tronc, préſente en haut la poitrine, en bas le ventre, derrière le dos; L'Epine du dos, les cotes & le baſſin font un aſſemblage d'os, qui forment comme la charpente du corps & lui donnent de la conſiſtance, comme les chevrons & les lattes en donnent au toit d'une maiſon.   Ils ſervent encore comme de cuiraſſe aux parties intérieures, (viſcères) aux poumons, au coeur, à l'eſtomac, à la bile, au foye, à la veſſie, aux entrailles &c.

15) La *Plume* paroit être d'une oye.   On taille le tuyau avec un canif, & on y fait une fente. Si vous la trempés enſuite dans l'encre, vous pouvés tracer des lettres ſur le papier.

16)

15) Des *Plumes à écrire*, dont chacune est encore munie de sa barbe.

17) L'*Oeil* n'est point fixé sur moi. C'est-ce que je puis voir de mes yeux.

18) L'*Oreille* paroit ouverte. Est-ce la droite ou la gauche?

19) Les *Yeux*, tels qu'ils sont représentés, regardent en ligne droite un objet placé précisément devant eux. Oh! que je me réjouis de ce que grace à mes yeux je puis voir tant & de si différens objets, pendant le jour les hommes, les animaux, les plantes, la terre, le soleil, les nuages, pendant la nuit la lune, les étoiles, le firmament azuré. Que l'aveugle est malheureux! lui, qui ne voit aucune des inombrables beautés, que nous prodiguent le ciel & la terre.

20) Les *Oreilles*, que j'ai me servent à entendre. Je ne suis point sourd. Que je suis aise, de pouvoir entendre le langage des hommes, les chant des oiseaux, les voix des autres animaux, l'harmonie de la musique, le mugissement de la tempète, le fracas & les roulemens du tonnerre. Les vents, les tempètes, les orages rendent l'air salubre, & le purifient des vapeurs, dont il est chargé; ils amènent

la

la pluye fans laquelle les arbres ne porteroient point de fruits, les fleurs ne pourroient s'épanouir, les herbes croitre & fe développer. Dira-t-on qu'ils font inutiles, tandisque fans leurs bénignes influences les hommes & les animaux ne pourroient fubfifter? — *Reconnoiffance, amour, gloire éternelle à toi, puiffant Roi de l'Univers, qui fais fervir les phénomènes en apparence les plus terribles, les tempêtes, les éclairs & le tonnerre, à nous donner tout ce qui nous eft néceffaire!* — Puiffé-je t'adreffer cette prière, toutes les fois que je verrai l'éclair briller, que j'entendrai gronder la tempête, & le tonnerre éclater! Ainfi m'élevant vers toi par mes penfées, mon ame demeurera calme & tranquille; & je ne fentirai les angoiffes agiter mon efprit, que lorsque méconnoiffant ta bonté paternelle, mon coeur négligera de t'offrir le tribut de reconnoiffance, qu'il te doit.

Planche VIII.

21) Un *Habillement complet.* L'habit, la vefte & les culottes, que le tailleur a taillés de drap fin & dont il a joint ou coufu enfemble les différentes parties avec des aiguilles & du fil.

22) *Boire*, l'action de boire. Cet homme, que vous voyés affis près de cette table, vous montre ce que c'eft. Il approche de fa bouche un verre à boire. Ou eft-ce un gobelet de quelque métal?

23)

21 платье	22 питье	23 куреніе	24 кушаніе
25 зрѣніе *(Die)*	26 слушаніе *(Fünf)*	27 нюханіе *(Sin—)*	28 вкусъ *(ne)*
29 осязаніе	30 деревья	31 копье	32 копья
33 [illegible]	34 время	35 дитя	36 отрочя
37 жеребя	38 теля	39 порося	40 цыплята

23) *Fumer*, l'action de fumer. Quatre hommes, qui fument dans cette petite chambre. Il se peut que cela leur fasse du plaisir; pour moi, je ne voudrois pas être des leurs. Le tabac par son gout rebutant affecte si désagréablement la langue, il rend l'haleine puante & infecte la salive, qui est nécessaire pour digérer ce que l'on a mangé. Il n'y a pas jusqu'à l'air enfermé dans la chambre, qui n'en devienne mal sain & dégoutant.

24) *Manger*, l'action de manger, peut avoir lieu dèsqu'on a servi, dèsqu'on a placé sur la table les mets, la soupe, la soupe aux choux, la viande cuite ou rotie, les herbes potagères, les choux, les pois. Je suppose qu'on ait auparavant apporté du pain, des cuilliers, des couteaux, des fourchettes &c.

25) *Voir*, l'action de voir, est ici représentée par un oeil, qui regarde la pointe d'une tour. Il tombe de cette pointe un rayon, qui en trace une image dans l'oeil, & avertit en quelque sorte de son éxistence l'homme, qui la contemple. Vous n'entendés point encore ce que je viens de vous dire; patience! il viendra peut-être un jour, où vous l'entendrés. Quel plaisir pour celui, qui a écrit & fait imprimer l'ouvrage présent, s'il engage quelques uns d'entre vous à fixer leur attention sur cet objet & sur tant d'autres, si propres à étendre vos connoissances & vos lumières, à vous ouvrir une source féconde de plaisir & d'avanta-

ges

ges réels, & à vous pénétrer des plus vifs sentimens de gratitude envers *la Cause & le Principe* de tous les biens, dont vous jouissés! *O Dieu,* dirés vous un jour, *Père de tous les êtres, que tu es grand, puissant, sage & bon! Que je me réjouis d'exister, de connoitre le monde, ton ouvrage, & de te connoitre aussi toi-même, autant que le peut un foible mortel! Quel bonheur d'être à toi, père des hommes, & d'être à toi éternellement! Que je serois criminel, téméraire, forcené même, si j'osois me révolter contre ta parole & ta volonté!*

26) *Ouir,* l'action d'ouir, d'entendre, a lieu lorsque non loin de l'oreille d'un homme, qui n'est pas sourd, il se fait quelque bruit. On ébranle cette petite sonnette, & le son, qui en part, peut être saisi par l'oreille.

27) *Flairer,* l'action de flairer. Je flaire, lorsque de mes narines je hume & respire les parfums, les particules odorables d'une fleur ou de toute autre chose, qui a de l'odeur. Audessous du nés je vois un bouquet composé de deux roses avec leurs feuilles.

28) *Gouter,* l'action de gouter. Elle a lieu, quand je porte sur la langue une chose qui a du gout. Est-ce une poire ou une prune, que je vois près de ce visage? Je n'en sais rien.

29) *Sentir,* l'action de se convaincre par le tact de l'éxistence d'une chose. Vous saurés ce que c'est, si vous vous avisés de mettre la main dans le feu. Je mets en fait, que les nerfs

qui

qui tapissent votre peau font senfibles. Vous lifés au bas des cinq derniers petits quarrés ces mots: *Die fünf Sinne*, les cinq fens: parce qu'on y a repréfenté les 5 fens, ou plutôt les organes, par lesquels l'homme voit, entend, flaire, goute & fent.

Les Chrétiens, les Juifs, les Turcs & les autres adorateurs du vrai Dieu adreffent leurs hommages à un maitre *invifible* de l'Univers. L'homme, qui penfe, fe demandera naturellement: *Dieu entend & voit-il donc tout ce que je fais? tout ce que j'entreprends? Comment le peut-il?* — *Comment il le peut?* Je l'ignore: & il n'y a qu'un Etre d'une nature fupérieure à celle de l'homme; qui puiffe vous réfoudre cette queftion. Mais il-eft hors de doute qu'il le peut. En effet, il fuffit à l'homme, qui réfléchit, de confidérer ce qui forme fa propre effence, fon efprit & fon corps, de contempler l'économie de l'Univers, pour être convaincu, que Dieu entend & fait tout, qu'il voit & découvre ce qui fe cache fous les ténèbres, qu'il fonde & pénétre jufqu-aux penfées des hommes. *Dieu eft ici & là et dans tous les lieux.*

Tous les doutes, qu'on pourroit concevoir fur la toute-fcience de Dieu, s'évanouiront, fi vous formés les réfléxions fuivantes:

Quoi! celui, qui a fait l'oreille, n'entendroit point! Celui, qui a formé l'oeil, ne verroit point! Il a fait fentir aux nations les fuites

de

*de leurs égaremens, & il ignoreroit la justice!
Il dévoile la vérité aux yeux des hommes, & ne
connoitroit point leurs coeurs! ne sonderoit point
leurs pensées!*

30) Les *Arbres.* Le premier est un sapin,
les deux autres sont ou des chènes, ou des bouleaux, ou des hêtres, ou des arbres fruitiers.

31) La *Pique* est tranchante & pointue par
le haut, pour percer, blesser, tuer.

32) Les *deux Piques* sont plus courtes que
la première.

33) *Pierre premier ou le Grand* s'est fait
un *nom immortel.* Il prit à tâche de faire des
Russes, ses sujets, de bons guerriers, & de
leur donner la connoissance des arts; il con-
quit à l'Empire Russe les biens les plus précieux, la sureté, la liberté & l'estime de ses
voisins; il voulut le mettre à l'abri des entre-
prises & des véxations des peuples étrangers,
& se mettre en état lui même & *tous ses succes-
seurs,* de lui conserver la paix en réünissant
l'Etat sous un seul chef absolu & lui donnant
des ressorts capables de le défendre contre toute
insulte. Il prit aussi des mesures pour répandre les arts & les connoissances utiles.

34) Le *Tems.* Pourquoi lui donne-t-on
la figure d'un vieillard barbu? C'est que le
tems est bien vieux. Il a commencé lorsque
Dieu d'une parole de sa bouche donna l'éxistence au monde & à toutes les choses, qui
sont hors de lui.. Pourquoi donne-t-on des

ailes

ailes au tems? C'eſt qu'il paſſe & s'échappe avec autant & plus de rapidité que s'il en avoit en effet. Pourquoi lui met-on une faux dans la main? C'eſt qu'il altère & détruit tout ce qui ſe trouve ſur la terre. On diroit qu'il moiſſonne les hommes, comme le moiſſonneur moiſſonne les bleds, quand ils ſont murs. Enfin pourquoi cette figure tient elle un ſable? C'eſt ce que le livre n'a pas beſoin de m'expliquer. Je ſais aſſès moi-même que c'eſt un attribut du tems.

Y a-t-il une force qui puiſſe arrêter la fuite rapide des jours? Hélas! ils s'envolent avec l'impétuoſité des roues brulantes d'un char; ils s'échappent plus vite que l'éclair, qui trompe & dévance l'oeil. Je veux donc m'appliquer à les bien employer tant que je vivrai.

35) L'*Enfant* eſt couché dans le berceau. Il doit dormir; mais il eſt tout ſeul; il n'y a ame qui vive auprès de lui; ni garçon, ni fille, ni père, ni mère, ni femme d'enfant. Que fera t-il, s'il vient à ſe réveiller, las de dormir, ou tourmenté de faim ou de ſoif? Il criera, je m'imagine.

36) Le *petit Garçon* a fait pirouetter & tourner ſur lui-même le ſabot avec le fil de ſon fouet. Voudriés-vous ſervir de ſabot ou de jouet a un autre?

37) Le *Poulain* a déjà grandi & peut bien être appellé cheval. Il peut hennir. Il me paroit qu'il s'approche du rivage pour s'abreuver; ou bien broute-t il peut-être l'herbe?

38)

38) Le *Veau.* On a de la peine à le reconnoitre dans cette eftampe. Il a un peu de
foin ou d'herbe entre les dents. J'en conclus
qu'il n'exprime & ne fuce plus le lait du pis de
la vache, qui l'a mis au monde.

39) Le *Cochon,* le porc a la peau couverte
de foies & la queue tournée en fpirale. Il fe
plait dans la boue & dans les immondices. Qui
voudroit avoir dans fa chambre un animal
comme celui-là? La chair de porc, le lard,
le jambon, n'eft pas de mauvais gout; mais
elle n'eft pas auffi nourriffante à beaucoup près
que la viande de boeuf. Entendés-vous grogner ce pourceau? Je n'entens rien à préfent;
mais je puis me l'imaginer, je puis me rapeller
cri de cet animal. Pourquoi? C'eft que j'ai
entendu déjà fouvent grogner des pourceaux.

40) Trois *Poulets.* Je ne faurois diftin-
guer s'il y a un coq parmi eux. L'un d'entr'eux cherche des grains d'orge, ou de fro-
ment, ou de feigle, ou d'avoine ou enfin de
quelqu'autre efpèce de bled. Les oeufs pondus
par les poules font bons à manger, quand on
les cuit au feu, ou qu'on en fait une ome-
lette. Quand la poule demeure couchée plufieurs jours de fuite fur des oeufs, qu'elle les
échauffe & les couve, il en fort au bout d'un
certain tems de petits pouffins, qui fuivent
docilement leur mère, quand elle les appelle
par fes glouffemens.

Con-

Conclusion.

Mes chers enfans, si vous desirés maintenant en savoir plus que ce livre ne peut vous apprendre, il faut vous adresser à des personnes qui puissent vous assister de leurs conseils & vous instruire de bouche ou vous mettre entre les mains des livres utiles. Mais quoi? il suffit de vos propres efforts, pour faire quelques progrès. Il s'agit simplement de fixer votre attention sur tout ce qui se passe autour de vous, sur les entretiens & les actions des hommes, particulièrement de ceux qui sont bons, prudens, aimables, & de réfléchir sur toutes les choses que vous aurés rémarquées; vous découvrirés ainsi peu à peu ce que dans les diverses circonstances de la vie il importe de connoitre, ce qui est décent, utile, agréable, & vous vous en composerés un trésor d'idées, qui enrichira votre tête en même tems, qu'il servira à former votre coeur. Réjouissés-vous dès à présent. Car vous avés appris déjà à réfléchir un peu. Lorsque vous commençâtes à vivre sur cette terre, vous étiés au niveau des animaux les plus stupides. Un son vous frappoit, & vous ne saviés d'où il partoit. Vous apperceviés la lumière, des couleurs, des figures, mais sans savoir ce que c'étoit, ni à quelle distance tout cela étoit placé de vous. Vous avanciés les mains, pour saisir la lumière & le feu, comme si ce fussent des pommes, des poires, des cerises, des prunes, des pêches, des figues, des gateaux &c. vous vouliés prendre la lune de vos doigts, comme si elle se fut trouvée tout près de vous. Les articulations d'une langue étrangère ne nous semblent pas plus inintelligibles, ni les caractères de l'écriture chinoise plus bizarres, que ne le paroissoit à chacun de vous tout ce qu'il entendoit dire & tout ce qu'il voyoit de ses yeux. Le premier objet, que vous apprîtes à connoitre, ce fut la personne, qui prévenoit vos appétits, qui manioit avec délicatesse vos membres encore tendres & fléxibles à l'excès, qui vous plaçoit dans une couche commode pour vous inviter au repos, qui vous prenoit dans ses bras & vous entretenoit avec amitié. Vous répondiés alors par un doux sourire à votre bon père, à votre chère maman & à tous ceux qui jouoient & badinoient avec vous. Ainsi par les soins & l'amour des personnes faites vous apprîtes insensiblement à voir, à entendre, à gouter, à sentir, à flairer, à articuler des sons, enfin à parler, à réfléchir, à lire, à écrire,

à calà calculer &c. Agés d'un an, vous ne pouviés vous abſtraire des ſignes éxaɛts des choſes; vos repréſentations étoient encore confuſes, indétermiées, peu ſolides, variables : & juſqu'a ce moment elles ont ce caraɛtère d'indéciſion à l'égard de bien des choſes encore. Continués à recueiller, à raſſembler les marques caraɛtériſtiques & diſtinɛtives des objets, demandés-vous à la vue de telle.& telle choſe, comment elle eſt faite, à quoi elle ſert, dans quelle liaiſon elle ſe trouve, avec d'autres &c. Vos connoiſſances deviendront de jour en jour plus ſolides & plus parfaites. Si vous avés le bonheur de recevoir dans une école de bonnes inſtruɛtions & de converſer ſouvent avec des perſonnes, qui penſent & raiſonnent juſte & qui aient de l'amitié pour vous, vous vous appercevrés un jour avec plaiſir, que vos connoiſſances & votre façon d'agir ſe diſtinguent avantageuſement de celles du commun des hommes.

La plupart des enfans ſur la terre demeurent dans les premières années de leur vie livrés à eux mêmes ou ſous la garde des perſonnes les plus ignorantes, qui ſe donnent véritablement de la peine pour les accoutumer à des jugemens faux, & erronés, à une mauvaiſe façon d'agir. L'art d'habituer les enfans de la manière la moins compliquée & la plus agréable à raiſonner juſte, & de leur donner dans un age plus mur des connoiſſances & des talens utiles ; de plier pour ainſi dire leurs ames à des ſentimens de nobleſſe, de patriotiſme, d'humanité, l'art en un mot d'en faire des hommes utiles, aimables & heureux, s'appelle *l'art de l'Education* ou *la Pédagogie*. Cet art eſt encore inconnu à la plupart du monde & il n'y a que peu de gens qui le regardent comme néceſſaire, qui ſachent l'apprécier ſelon ſa valeur & qui ſouhaitent de le voir répandu. Dans ce petit nombre ſe diſtingue ſurtout *la Souveraine auguſte de toutes les Ruſſies*, CATHERINE *l'Incomparable.*

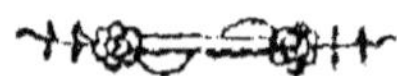